CRON[...]
Marca[...]
rales. Se ilumina cuando registra
una anomalía en la historia.

MISS DRISCOLL
Mirada fría, nervios a flor de
piel, guía indispensable de los
jóvenes detectives.

Primera edición: septiembre de 2018
Publicado por primera vez por DeAgostini Libri, S.p.A.
Título original italiano: *Caccia al collezionista*

Idea original: Mario Pasqualotto
Supervisión del texto: Luca Blengino
Ilustración de cubierta: Stefano Turconi
Ilustraciones: Flaviano Armentaro
Adaptación del diseño y maquetación: Endoradisseny

Edición: Jose M. López
Dirección editorial: Iolanda Batallé Prats

Casa Catedral®
Josep Pla, 95
08019 Barcelona
www.lagaleraeditorial.com
lagalera@lagaleraeditorial.com

Impreso en Limpergraf
08210 Barberà del Vallès

Depósito legal: B-545-2018
Impreso en la UE

ISBN: 978-84-246-6250-9

Sir Steve Stevenson

Caza al coleccionista

Ilustraciones de
Flaviano Armentaro

Traducción de Andrés Prieto

laGalera

Agencia WELLS

Misión n.º 0934578214568
Grado de los agentes: Hierro Forjado
Lugar: Londres
Año: 1859

OBJETIVO DE LA MISIÓN

Recuperar una tetera de plata robada a Lord Chesterton III, propietario de un prestigioso club de caballeros londinense.

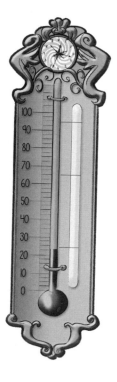

RIESGO DE BURBUJA

Alguien ha robado a Lord Chesterton una tetera, un regalo de la reina Victoria en persona. El robo del objeto podría hacer que su propietario acabase en la miseria. Si esto sucediese, no podría pagar los estudios de sus nietos, que están destinados a realizar en el futuro grandes descubrimientos científicos.

ÉPOCA

Durante el reinado de la reina Victoria, a principios del siglo XIX, Londres es la capital de un vasto imperio colonial. Es un período de importantes innovaciones: desde los famosos *docks*, los muelles que formaban el mayor puerto del mundo, hasta el alumbrado de gas.

GUARDIÁN DE LA MISIÓN

Adam Weston, uno de los mejores agentes de la Agencia Wells. Puntual, preciso, prácticamente infalible.

A QUIÉN OS ENCONTRARÉIS

LORD CHESTERTON III

Propietario del Lazarus Club. Ha sido víctima del robo de la tetera, un obsequio de la reina Victoria, y corre el riesgo de ver cómo su familia cae en desgracia.

FIONA

Urraca ladronzuela e irritante. Se divierte mangando toda clase de objetos en el barrio de Tom. Ha instalado su nido en la cornisa de un edificio junto a la casa del joven detective.

JULIUS ZENO

Nombre en clave: el Coleccionista. Un Alteratiempos que comete espectaculares robos moviéndose con absoluta discreción. Su pasión son los relojes antiguos. Peligroso.

Prólogo
Londres, septiembre de 1859

Los gigantescos engranajes y las ruedas dentadas se movían produciendo un chirrido ensordecedor. El joven Tom O'Clock dirigió la mirada hacia la vidriera redonda por donde se filtraba la luz pálida del atardecer: vistas desde el interior, las manecillas de aquel enorme reloj parecían avanzar en sentido contrario al habitual.

—¡Ahí está! —exclamó Josh—. ¡Ha vuelto a aparecer allí arriba!

—¡CÓGELO, TOM! —gritó Annika.

El chico miró al frente. El Coleccionista se encontraba a pocos metros de él, al otro lado de la

Prólogo

pasarela de hierro. Llevaba un sombrero de copa y una capa negra.

Tom echó a correr, pero frenó en seco después de dar dos pasos. La pasarela comenzó a chirriar.

—No parece demasiado sólida —comentó el Coleccionista, socarrón—. Yo, en tu lugar, me olvidaría de esto.

Tom lanzó una mirada indignada al criminal y dio otro paso hacia él.

En aquel momento, el pequeño puente metálico cedió con un estrépito aterrador.

El detective gritó y, cuando volvió a abrir los ojos, descubrió que se había salvado de milagro.

—Ya te he avisado de que no era una buena idea —dijo riendo el Coleccionista.

Por debajo del chico había una caída vertiginosa de noventa metros. La pasarela estaba ahora partida por la mitad y Tom movía los brazos en el vacío, colgado de una fina cadena de hierro.

—El espiralómetro del abuelo Gordon... —murmuró.

Londres, septiembre de 1859

Milagrosamente, el prodigioso ingenio se le había salido del bolsillo durante el derrumbe y se había enganchado en la barandilla del puente, frenando así la caída mortal de Tom.

—No te muevas —murmuró Annika—. Cuelgas... ¡literalmente de un hilo!

Ella y Josh se habían asomado y miraban hacia abajo muy alterados.

—Ya me dado cuenta —gimió él—. ¡Haced algo!

—No te muevas —lo tranquilizó Josh.

Luego estiró el brazo hacia su amigo, pero la distancia era demasiado grande: le faltaban unos centímetros para alcanzar los dedos de Tom.

Las anillas de la fina cadena empezaron a ceder.

—Dame la mano, Josh —dijo Annika—. ¡Me agarraré a ti y así podré cogerlo!

—Esto pinta muy mal —comentó él—. ¡Acabaremos los tres allí abajo!

Luego aferró a su compañera de la muñeca y ella se acercó a Tom.

—¡Venga, va, dame la mano! —le apremió.

Prólogo

—Es demasiado tarde —murmuró el detective—. La cadena se está rompiendo.

—¡¡¡TE HE DICHO QUE ME DES LA MANO!!! —gritó Annika.

Con un ligero crujido, la cadenita del espiralómetro se rompió.

Tom soltó un chillido. Lo último que vio fue la mirada aterrorizada de sus compañeros. Justo después, estaba precipitándose desde lo alto de la torre.

La liBreta
Desaparecida

Aquella investigación tan accidentada había empezado con otra caída, 157 años más tarde.

Era principios de junio, estaban a punto de acabarse las clases y Tom volvía de otro día agotador: aquella mañana, el profesor Gerardi, de química, le había comunicado que tenía que prepararse para un examen; después lo había perseguido Ricky Gunn, el matón del colegio; por la tarde, se había pasado horas recorriendo Nueva York con la Bala, su fiel bicicleta, para repartir los pedidos del Old Bookshop, la librería de viejo que regentaban sus padres. Además, para cenar, su madre, tan despistada como siempre, le había cocinado su especialidad: barritas de pescado medio congeladas medio carbonizadas.

Después de comer en silencio, mientras escuchaba las quejas de sus padres por lo elevado de las facturas, Tom finalmente se había retirado a su pequeño cuarto con la intención de estudiar para el examen... Y entonces descubrió que también le habían robado.

—No me lo puedo creer —dijo con un hilo de voz—. ¡Alguien ha estado aquí!

Por la mañana había dejado la ventana entreabierta. Puede que el intruso se hubiera colado por allí y accediese al escritorio. La pila de libros de historia que Tom tenía siempre a mano había caído al suelo, el flexo de la mesa estaba tumbado y los lápices de colores estaban desparramados por todas partes.

Además, faltaba un objeto.

—¡La libreta de los apuntes! —exclamó angustiado—. ¡Estoy seguro de que estaba aquí!

Junto con el inseparable espiralómetro, la libreta

era su tesoro más preciado. Por un lado, porque ambos objetos pertenecían a su abuelo, Detective del Tiempo como él. Y por otro, porque aquellas páginas contenían los resúmenes de todas las misiones que había realizado Gordon O'Clock: eran una auténtica mina de información sobre todas las épocas.

Tom se precipitó sobre su escritorio: abrió frenéticamente los cajones y rebuscó por todos los rincones, pero no encontró ni rastro de la libreta.

—Piensa —dijo en voz alta, caminando arriba y abajo por la habitación—. Eres un detective, ¿no? Pues entonces usa la cabeza. ¿Quién puede habértelo robado? ¿Por qué? Y, sobre todo, ¿cómo? Estamos en un tercer piso, es imposible entrar aquí, tan fácilmente...

El chico palideció de golpe. ¿Y si el ladrón fuese un Alteratiempos? Aquellos criminales podían viajar a través de las épocas exactamente igual que él y desplazarse de un lado a otro en un santiamén. Además, eran los enemigos jurados de la Agencia Wells. De hecho, habían sido precisamente ellos quienes, hacía unos años, habían secuestrado al abuelo Gordon y lo tenían encerrado en un desconocido y remoto período histórico.

—¡Tal vez uno de esos delincuentes ha descubierto que la libreta contenía información valiosa sobre la Agencia y ha decidido robármela! —reflexionó.

Lanzó una mirada desconsolada a los pósteres colgados en las paredes. En vez de tratarse de re-

La liBreta Desaparecida

tratos de estrellas del cine o de la música, como los que tenían sus compañeros de clase, aquellos mostraban imágenes de los grandes personajes históricos de la Antigüedad: desde Julio César hasta Napoleón Bonaparte, desde Leonardo da Vinci hasta George Washington.

—Ostras, tengo que avisar de inmediato a la Agencia Wells, antes de que... —murmuró.

En aquel preciso momento se quedó congelado. Se dio cuenta de un detalle que se le había pasado por alto. El ladrón había dejado una pista en el escenario del crimen: una pluma negra, larga y reluciente. El chico la recogió y la observó durante unos instantes. Entonces sonrió y miró en dirección a la ventana.

—Claro —dijo mientras se le iluminaba la cara—. ¡No se trata de un Alteratiempos, la culpable es esa antipática Fiona!

Fiona era una urraca ladronzuela que, desde hacía unos meses, había escogido aquella zona de la ciudad como territorio de caza. Había construido su nido en la cornisa del primer piso del edificio de al lado, y muchos residentes del barrio se habían quejado de sus incursiones durante las últimas semanas. Como a todas las urracas, a Fiona le atraían los objetos más extraños: había robado el peine de la señorita Woolrich, un juego completo de botones del señor Willard, el sastre, e incluso un alfil del señor Konovalov, un excampeón de ajedrez jubilado.

Tom abrió la ventana y se asomó a la callejuela. Miró hacia la cornisa donde se encontraba el escondrijo de aquella mangante voladora.

—Efectivamente, Fiona se ha llevado la libreta —concluyó—. ¿Pero cómo puedo recuperarla?

El chico respiró hondo y salió por la ventana. Por fortuna, muy cerca de ella se encontraba la escalera antiincendios del edificio y Tom aterrizó en ella. Luego subió los peldaños de dos en dos hasta llegar al terrado.

Se detuvo un momento para contemplar el paisaje: los rascacielos de Manhattan brillaban al

La liBreta DesaPareciDa

fondo. El cielo del atardecer aún refulgía cierta claridad. Los días se alargaban cada vez más y pronto llegaría el verano.

Los dos edificios estaban conectados. Orientándose con prudencia entre las chimeneas y las antenas parabólicas, el joven detective subió al terrado del edificio vecino, donde encontró otra escalera antiincendios por la que bajó hasta el primer piso.

Ahora el nido de Fiona se encontraba justo delante de él. Tom miró hacia abajo: la acera estaba a unos cuatro metros de altura. Si se caía, podía romperse una pierna... o algo peor.

—Por el sombrero de copa de Abraham Lincoln —dijo suspirando—, no tengo alternativa.

Luego pasó por encima de la barandilla de la escalera, se agarró a un canalón y apoyó los pies sobre la cornisa arrimándose mucho a la pared.

—Para esta clase de operaciones, Annika sería la persona ideal —dijo con una voz estrangulada—. ¡No soy un hombre de acción!

Muy despacio, recorrió los dos metros que lo separaban del nido. Cuando lo inspeccionó, se le dibujó una sonrisa en la cara: ¡había acertado! La libreta del abuelo podía verse entre las finas ramas y las plumas, al lado de otros objetos: unas tijeras, un collar, un reloj...

Tom contuvo la respiración y se inclinó hacia el nido.

—Ya casi lo tengo —murmuró mientras el corazón le latía como un tambor.

La libreta Desaparecida

Pero justo cuando los dedos acariciaban la cubierta de cuero, se oyó un silbido. Un pájaro blanco y negro, tan grande como un pavo, se precipitó sobre él en picado.

—¡AY! —gritó—. ¡Déjame en paz, Fiona! ¡No quiero robarte los huevos!

Graznando furiosamente, la urraca empezó a picotearlo. Tom soltó la libreta, levantó las manos para defenderse y... perdió el equilibrio.

Movió los brazos durante unos segundos y luego la cabeza empezó a darle vueltas. Apenas pudo ver cómo la acera estaba cada vez más cerca.

Gritó y cerró los ojos preparándose para el impacto.

Cuando los volvió a abrir, su espalda no reposaba en el suelo, sino sobre un suave terciopelo.

Tom miró a su alrededor aterrorizado: en un gramófono sonaba una pieza antigua de swing y, desde la barra, el camarero Frank Dandy le hizo una leve reverencia.

—Pero si esto es ¡el Refugio Milenario! —dijo.

Había aterrizado en una de las butacas con cojines del salón de té. Enseguida se metió una mano en el bolsillo. El espiralómetro de hierro forjado aún estaba caliente: una señal se había activado hacía poco y lo había transportado allí en un abrir y cerrar de ojos.

—Es increíble —murmuró—. ¡Estaba tan concentrado que ni siquiera me he dado cuenta!

—Tom, ¿estás bien? —preguntó Annika—. ¡Te veo pálido!

—Tienes una pinta... —comentó Josh—. ¿Qué te ha pasado?

El chico miró a sus colegas. Ella llevaba un uniforme de equitación, con fusta y casco. Él, un traje blanco de Elvis y unas gafas con cristales de espejo.

—Vaya lata —resopló Josh—. Estaba en medio de una fiesta de disfraces muy guay. El tema de la velada era: Elvis Presley, ¡el rey del rock! Me estaba divirtiendo a base de bien.

—Pues yo, en cambio, estaba preparando los ejercicios para la competición de doma de maña-

La libreta desaparecida

na —dijo Annika con una mueca—. ¡Un par de pruebas más y Hércules y yo ganaremos!

Josh dirigió una sonrisa burlona a su amigo.

—¿Y tú qué hacías? —preguntó—. Seguro que estabas encerrado en la biblioteca, estudiando como siempre. ¿Me equivoco?

Tom miró un momento el espiralómetro.

—Si os lo cuento, ¡no me creeríais!

Una misión
muy relajaDa

Miss Driscoll les esperaba en el Aula Magna pero, excepcionalmente, esta vez no se encontraba sola.

Con ella estaba también Patrick Malligan y los hermanos De'Moras, agentes Plata Bruñida. Los cuatro conversaban con gesto de preocupación mientras los chicos esperaban en un rincón apartado. Unos minutos después, los tres hombres salieron de allí a toda prisa.

—¿Todo bien? —preguntó Annika acercándose.

—No, para nada —soltó Miss Driscoll—. ¡Estamos en plena emergencia!

—¿Se acerca una tormenta de burbujas? —especuló Tom—. ¿Un ataque de los Alteratiempos?

Una misión muy relajada

—Clem Spongen ha vuelto a hacer una de las suyas —dijo ella suspirando.

—¿Clem «Desastre» Spongen? —preguntó Josh.

Clem era un joven Bronce Esmaltado, famoso entre sus colegas por ser muy despistado.

—El agente Spongen tenía que emprender una nueva misión y, como siempre, se dirigió al guardarropa de las épocas para vestirse de manera apropiada —empezó a contar Miss Driscoll—. ¿Y a que no sabéis lo que pasó? ¡Pues que ese inútil se olvidó el espiralómetro!

—¡Por la espada del rey Artús, qué peligroso! —exclamó Tom.

El espiralómetro funcionaba como una brújula y era indispensable para no perderse en el Túnel del Tiempo y poder llegar al destino fijado. Iniciar el viaje sin llevarlo encima significaba ser catapultado al azar en el pasado. Y, además, no había ninguna manera de retroceder.

La mujer lanzó una mirada nerviosa al Cronolabio que flotaba encima de su cabeza.

—En estos momentos el agente Spongen podría encontrarse en cualquier lugar y época —comentó—. Desde el Pleistoceno hasta el Japón de la época Edo. Por fortuna, es tan chapucero que bien pronto empezará a provocar desastres y a crear burbujas por todas partes. Al menos, gracias a eso, podremos localizarlo y organizar una misión de salvamento...

Dicho esto, Miss Driscoll se volvió hacia los tres chicos y los observó fijamente.

—Pero ahora vayamos a nuestros asuntos —dijo—. Esta vez el destino es Londres. En el año 1859.

—¡En plena época victoriana! —exclamó Tom entusiasmado—. En aquel período, Londres era una de las ciudades más pobladas del mundo: ¡la capital de un próspero y vasto imperio colonial que abarcaba también la India y Australia!

—Conozco Londres —intervino Josh—. Quiero decir... el actual. ¡Lo he visitado un montón de veces acompañando a mi padre en sus viajes de negocios! Os podré hacer de guía.

Una misión muy relajaba

—La ciudad de 1859 es muy diferente de la metrópolis que usted conoce —replicó en un tono fulminante la detective Plata Bruñida—. Era un lugar más bien turbulento en muchos aspectos. Por suerte, estaréis en buenas manos: vuestro guardián será Adam Weston, uno de los mejores agentes de la Wells. —La mujer exhibió una sonrisa de satisfacción y continuó—: Puntual, preciso, infalible. En su compañía, estoy segura de que no os meteréis en líos.

—Si le gusta tanto como dice, me imagino que ese Weston debe de ser un auténtico hueso duro de roer —murmuró Josh al oído de sus colegas—. ¡Seguro que nos costará seguirlo!

—Volvamos a la misión —continuó Miss Driscoll señalando el Cronolabio—. La meta es el Lazarus Club, uno de los numerosos círculos para caballeros tan de moda en la Inglaterra de aquella época. El propietario, Lord Chesterton III, hace poco que ha sido víctima de un robo, en circunstancias misteriosas e inexplicables. Una tetera de su propiedad ha desaparecido ante los ojos de cuatro testigos: vuestro objetivo es recuperarla.

—¿Una tetera? —repitió Annika en un tono escéptico—. ¡No parece un objeto demasiado valioso!

La mujer levantó una ceja y le clavó una mirada gélida.

—A estas alturas ya deberías conocer las reglas del tiempo —explicó—. Algunos acontecimientos en apariencia insignificantes pueden desencadenar a veces burbujas muy peligrosas. La tetera fue un regalo que Lord Chesterton recibió nada menos que de manos de la reina Victoria. No tiene un gran valor, pero es un símbolo de la amistad entre la Casa Real y el desgraciado propietario del club. Al ser víctima de este robo, Chesterton hará un papelón ante la alta sociedad inglesa de la época.

—¿Y nosotros tenemos que retroceder en el tiempo para salvar las apariencias de un esnob? —preguntó Josh incrédulo.

—Fingiré que no le he oído —dijo Miss Driscoll—. Por culpa de las habladurías, en pocos años,

Una misión muy relajada

Chesterton acabará perdiendo el título nobiliario y caerá en la miseria. Y esto supone todo un problema... No se podrá permitir el lujo de pagarles los estudios a sus nietos, que están destinados a realizar en el futuro grandes descubrimientos científicos. Si él se arruinase, todo esto podría no suceder.

La mujer empezó a caminar arriba y abajo por toda la sala.

—El Cronolabio ha calculado que hay una posibilidad de que este robo en apariencia insignificante tenga graves repercusiones en la historia. Por eso deberéis atrapar al culpable y restituir el objeto robado a su propietario.

—Lo conseguiremos, puede estar segura de ello —afirmó decidida Annika.

—Eso espero, por vuestro bien —respondió tajante Miss Driscoll—. Hoy ya he tenido suficientes agentes torpes a mi alrededor. El Lazarus Club se encuentra en Piccadilly Road, delante de Green Park. Weston vive en Dean Street, en el

Soho, no muy lejos de allí. Irá a vuestro encuentro a las nueve en punto de la mañana y os esperará en la entrada de este local exclusivo. No lleguéis tarde: odia a la gente impuntual casi tanto como yo. Ah, por cierto, tenéis doce horas para cumplir vuestra misión.

—¡¿Solo doce?! —exclamó Tom—. ¡Pero eso es poquísimo!

—Nos basta y nos sobra, colega —dijo Annika riendo y dándole una palmada en la espalda—. Solo se trata de recuperar una vieja tetera... ¡Tiene pinta de ser la clásica misión relajada!

—Espero que estés en lo cierto —murmuró Tom no demasiado convencido.

Poco después, los tres chicos entraron en el Guardarropa de las Épocas, donde los esperaba LeDuc.

El sastre ya había preparado un muestrario de vestidos: pantalones de terciopelo, camisas, corbatas con lazo y chalecos cruzados.

Annika exhibió una sonrisa satisfecha.

Una misión muy relajada

—¡Ropa de hombre! —exclamó con los ojos brillantes de entusiasmo—. Práctica, indestructible, perfecta para la acción. Por un momento me ha dado miedo que me endiñaseis un vestido largo hasta los pies con corsé o cualquiera de aquellas prendas tan incómodas que llevaban las mujeres en esa época.

—Esa era nuestra idea original, *chérie* —admitió LeDuc—. El problema es que el Lazarus Club es un círculo exclusivo para hombres. Por lo tanto, si quieres entrar, tendrás que hacerte pasar por un chico. En cuanto al pelo, recógetelo en una coleta baja y pasarás casi desapercibida.

—¿Hacerse pasar por un chico? No te preocupes, es algo que a nuestra Annika se le da muy bien —ironizó Josh.

Como única respuesta, ella le soltó un codazo. Luego miró a Colette, la mujer del sastre, que estaba en un rincón con el rostro triste y un espiralómetro de bronce en las manos.

—¿Es el de Clem Spongen? —preguntó.

—*Oui...* Se lo ha dejado —dijo ella suspirando—. Y ahora quién sabe dónde debe estar.

—Tendríamos que habernos dado cuenta de su distracción, así podríamos haberlo avisado y ahora no estaría en peligro —se lamentó LeDuc—. ¡Si le sucediese algo, no me lo perdonaría nunca!

Tom dirigió a la pareja una mirada tranquilizadora.

—No os preocupéis, estoy seguro de que los detectives Plata Reluciente conseguirán encontrarlo y traerlo de vuelta al Refugio —dijo.

Una misión muy relajada

—Sí, pero nadie podrá salvarlo del tirón de orejas que le dará Miss Driscoll —comentó Josh riendo.

—Espero que se resuelva de la mejor manera posible —dijo Colette—. Y, sobre todo, no cometáis el mismo error: antes de salir del guardarropa, comprobad que lleváis encima vuestro espiralómetro... ¡y no os olvidéis de sincronizarlo con la fecha de 1859!

En unos minutos, los tres detectives estaban ante la entrada del túnel; más allá de la puerta de hierro forjado, el horizonte se perdía en la oscuridad.

Después de intercambiar un gesto de complicidad, Annika y Josh cruzaron el umbral.

Tom inspiró con fuerza y los siguió.

Gran golpe
en el Lazarus Club

Tom notó que le ardían los ojos. El aire estaba lleno de un humo de olor penetrante y era imposible respirar.

—¿Qué es eso, un incendio? —preguntó Josh preocupado.

Luego salió jadeando de la nube negra. Tenía la cara y la ropa completamente impregnadas de humo.

Tom y Annika también se alejaron de la chimenea de ladrillo, que escupía densas espirales en dirección al cielo gris.

—Hemos aterrizado en un tejado —murmuró la chica.

Gran golpe en el Lazarus Club

—Y no es la primera vez que me pasa hoy algo parecido —dijo Tom suspirando.

Vista desde un punto elevado, Londres era un bosque de chimeneas humeantes. Se entreveía el Támesis en la lejanía, a la luz de la mañana.

El reloj del Big Ben, la gran torre que era el emblema de la ciudad, tocó ocho largas campanadas y una breve: eran las ocho y media.

—En treinta minutos nos espera nuestro guardián en el Lazarus Club —dijo Tom—. ¡Llegamos tarde!

—Y parece que acabáramos de salir de una mina de carbón —comentó Josh intentando limpiarse el hollín de la cara.

Mientras tanto, Annika se había colgado de un canalón y bajaba por él al callejón que había abajo.

—Dejad de quejaros y seguidme —dijo para espolear a sus amigos—. ¡He encontrado el camino a la calle!

Cuando llegaron al suelo, enseguida pidieron indicaciones a los peatones. Veinte minutos más tarde llegaban al punto de encuentro.

Josh observó Piccadilly Road desconcertado.

—Miss Driscoll tenía razón —dijo—. No se parece en nada al Londres que conozco.

La fangosa calle estaba transitada por un vaivén continuo de carrozas. Un grupo de indigentes vagueaba por las aceras y, de vez en cuando, algún peatón vestido con ropa lujosa los esquivaba con una expresión de disgusto. Algunos tenderos ambulantes vendían fruta y verdura y un chiquillo recitaba a gritos los titulares del diario de la ma-

Gran golpe en el Lazarus Club

ñana. Un tranvía pasó por allí chirriando, mientras al lado de la acera una carroza había volcado al chocar contra una farola de gas. El cochero estaba contando muy alterado cómo se había producido el accidente a un par de policías.

—Ese tipo ha aparecido ante mí como un fantasma —decía muy agitado—. Para esquivarlo, he tirado de las riendas, los caballos se han desbocado y he derrapado...

Josh echó un vistazo al espiralómetro y sonrió satisfecho.

—Perfectamente sincronizados —dijo—. Adam Weston tendría que llegar en cualquier momento.

Y justo entonces una gran mano se posó sobre su hombro.

—Ah, aquí estabais, pequeños holgazanes —los saludó con cierta brusquedad un hombre vestido con un uniforme rojo de conserje.

Luego, sin ningún miramiento, arrastró a Josh hacia un portal donde se leían las letras:

LAZARUS CLUB

—¿Se puede saber qué pasa? —protestó Annika siguiéndolos.

El conserje del club miró a la chica con una mueca de enfado.

—Pasa que necesitamos vuestra ayuda, mocosos —gruñó—. ¡La chimenea del salón principal se ha atascado, así que venga, al tajo, rápido!

—¿Qué tajo? —balbució Josh.

Tom sonrió y chasqueó los dedos. Se acercó a sus amigos y murmuró:

—Como vamos más bien…, ejem, manchados de humo, creo que el conserje del club nos ha confundido con unos deshollinadores. En esta época era un trabajo reservado a los niños, porque son mucho más ágiles que los adultos y no tienen demasiados problemas a la hora de moverse por un tejado.

—Por lo tanto, ¿se trata de un malentendido? —preguntó Josh.

Annika rio con disimulo.

—En realidad estamos de suerte —comentó

Gran golpe en el Lazarus Club

en voz baja—. Así podremos entrar en el club y comenzar ya la investigación.

—¿Y no sería mejor esperar al guardián? —preguntó Tom con preocupación.

—¡Daos prisa! —gritó el hombre del uniforme.

Annika tomó la iniciativa y lo siguió. Sus compañeros la imitaron.

El Lazarus Club estaba decorado con gran lujo: el suelo de mármol reluciente y los objetos de plata brillaban con la tenue claridad de las lámparas de aceite. La tapicería roja hacía juego con el terciopelo de las butacas y de las cortinas. El lugar estaba repleto de elegantes caballeros vestidos con chaquetas cruzadas. Algunos murmuraban entre ellos con expresiones de curiosidad o de espanto.

—La chimenea está por aquí —les dijo el conserje abriéndose paso—. Trabajad en silencio y, cuando acabéis, id a buscarme. Y, sobre todo, no espantéis a los señores: en el salón hay un inspector de Scotland Yard que está aquí para investigar el robo de esta mañana...

«La tetera desaparecida», pensó Tom.

La estancia era grande y estaba bien decorada. Tenía una sola puerta y, en el lado opuesto, una ventana daba a la calle. Había distribuidas por la sala unas cómodas butacas y una mesa de billar. Del techo colgaba una araña de cristal.

—Si no fuese por estos trofeos, me recordaría al salón de té —reflexionó Josh señalando las cabezas de animales disecados colgados en las paredes.

Cuatro señores y tres policías estaban reunidos alrededor de la mesa que había bajo la araña. Ninguno de ellos, al menos aparentemente, se percató de la llegada de los chicos.

Tom se acercó al grupo con sigilo con la excusa de supervisar la chimenea, que estaba a su lado.

—¡Qué desastre! ¡Tiene que hacer algo, inspector Crumble!

El que había hablado era un señor de unos sesenta años, con patillas grises y espesas y un sombrero de copa. Mostraba un gesto realmente compungido.

Gran golpe en el Lazarus Club

—Ese debe de ser Lord Chesterton III —murmuró el chico—. La víctima del robo.

—La tetera era un regalo de Su Majestad —explicó el hombre—. ¡Si no la recupero, mi familia hará todo un papelón ante la alta sociedad londinense al completo!

El propietario del club estaba hablando con un agente uniformado con unas grandes patillas, que se sacó una libretita y empezó a tomar apuntes.

—Recapitulemos —dijo—. En el momento del robo, en el club solo había cuatro personas, todas ellas reunidas en estos momentos en la sala, ¿verdad?

—Exactamente, inspector —asintió Chesterton—. Mis tres amigos y yo.

El primer testigo dio un paso adelante y se presentó: era un jovenzuelo de unos treinta años, de expresión no muy espabilada, con un largo cuello de pavo y las mejillas rojizas.

—Me llamo Wooster —dijo—. Conozco a Lord Chesterton desde hace muchos años y haré todo

lo posible para ayudarlo. Aunque…, ejem, no tengo nada claro cómo sucedió el robo.

—Para variar —intervino el segundo, un hombre de unos cincuenta años, con el ceño fruncido y una pipa en la boca. Luego se dirigió al policía en un tono despectivo—: Y usted, Crumble, tenga cuidado con lo que hace. Soy el conde Crackersmith, amigo de la familia real. Si me veo implicado en algún escándalo, ¡se arrepentirá de verdad!

—¡Qué tipo más impertinente! —comentó Annika en voz baja.

—No se preocupe, solo quiero entender cómo se ha producido el robo —dijo el detective suspirando.

—No hace falta entender demasiado —intervino el tercer hombre con un gesto opaco. Era un hombre mayor con unas gafas de culo de vaso—. El culpable es, sin duda, uno de los fantasmas que, como todo el mundo sabe, ¡infestan las salas del Lazarus Club!

Al oír aquellas palabras, Josh no pudo contener una risita.

Gran golpe en el Lazarus Club

—¿Otra vez con esa historia del fantasma? —resopló el propietario del club—. Lord Boone, ¿no cree que se deja llevar demasiado por la fantasía?

—¡Pero usted ya ha visto lo que ha pasado! —replicó el otro—. La tetera se ha desvanecido en la nada. ¿Quién podría ser el culpable sino un espectro resentido?

El inspector Crumble se frotó las sienes y retomó el interrogatorio.

—Intentemos ceñirnos a los hechos, por favor —dijo—. ¿Pueden contarme qué ha sucedido esta mañana exactamente?

Tom dio un paso para acercarse al grupo.

Chesterton carraspeó.

—Como siempre, hemos quedado en la entrada a las siete en punto para desayunar —empezó—. Wooster, el conde Crackersmith y Lord Boone son los miembros más asiduos del club, los primeros en llegar y los últimos en irse. En mi caso... bueno, soy el propietario y, además, el único que tiene las llaves de la entrada.

El joven Wooster señaló una mesa donde se exponía un bonito servicio de té, un hervidor y unos cubiertos relucientes.

—Pusimos la mesa anoche —afirmó. Luego, mientras indicaba con el dedo un espacio vacío en medio de la mesa, añadió—: Esta mañana, la tetera seguía allí. ¡Ante los ojos de todos!

—Yo estaba a punto de poner el agua a calentar —dijo Chesterton—. Pero, cuando el Big Ben ha dado las siete y media, de la calle ha llegado un escándalo infernal. ¡Un estrépito aterrador, créanme!

—Enseguida hemos ido a ver qué había pasado —murmuró Crackersmith señalando los cristales de la ventana—. Hemos descorrido las cortinas y nos hemos asomado. Incluso he abierto la ventana para verlo mejor.

—Exactamente —asintió Wooster—. ¡En la calle había un gran escándalo!

—En realidad yo no he visto nada —intervino Boone limpiándose las gafas—. Soy miope y no veo tres en un burro.

Gran golpe en el Lazarus Club

—Una carroza había volcado —confirmó Lord Chesterton—. ¡Ha estado a punto de atropellar a un peatón!

—Están hablando del accidente de antes... —susurró Josh.

Tom se escurrió hasta la ventana y empezó a observarla con discreción.

—Volvamos de nuevo a la tetera —se impacientó Crumble.

—No hay nada que añadir, inspector —bramó el conde—. Cuando nos hemos dado la vuelta para regresar a la mesa, aquel precioso objeto ya no estaba en su sitio. ¡Desvanecido en la nada! ¡Volatilizado!

Lord Chesterton suspiró largamente.

—Estaba seguro de que el ladrón se había colado en el club —continuó—. Por eso, mientras Wooster y Lord Boone se quedaban aquí, el conde y yo hemos inspeccionado todas las salas.

—¿Y no han encontrado nada? —preguntó el policía.

—¡Las salas estaban desiertas, las ventanas cerradas y la puerta de la entrada, cerrada con llave!

—En esta sala tampoco hay nada extraño —dijo Wooster rascándose una oreja—. He cerrado la ventana y, después, Lord Boone y yo hemos vigilado el escenario del crimen hasta que han vuelto los otros... ¡Es un robo imposible de entender!

—Ya se lo he dicho, es obra de un fantasma —insistió Boone.

—¡Estamos hartos de sus historias de fantasmas! —replicó de repente Crackersmith.

Tom levantó la mirada hacia el marco de la ventana. Observó primero la barra de la cual colgaban las cortinas y, después, una cabeza de ante colgada de la pared. Desde allí, su mirada se desvió hacia la araña de cristal y, finalmente, a la mesa puesta.

El chico sonrió.

—Tengo que pedirles que estén a disposición de la policía —dijo Crumble guardándose la libreta—. Aún no he entendido la dinámica del robo, pero... dado que ustedes eran los únicos presentes en la sala, es lógico pensar que el culpable se encuentra aquí.

—Eso es ofensivo —soltó el conde—. ¿Cómo se atreve a sospechar de cuatro caballeros?

—Me parece que ya he entendido quién es el culpable —intervino Tom con un hilo de voz.

De sopetón, todas las miradas convergieron en el chico.

—¿Puedes... repetir eso, joven? —balbució el inspector Crumble.

—Tiene razón —dijo el chico haciendo de tripas corazón—. El ladrón se oculta entre los cuatro sospechosos. Ya he entendido cómo ha hecho desaparecer la tetera y dónde la ha escondido. ¡El culpable no es ningún fantasma, sino que se trata de un hábil estafador que ha engañado a los demás con un número de ilusionismo espectacular!

Después de un momento de silencio, Crackersmith fue el primero en hablar:

—¿Qué estás diciendo, mocoso? ¡Preocúpate de hacer bien tu trabajo, deshollinador, y no te metas en los asuntos de los adultos!

Sin dejarse intimidar, Tom señaló un punto del marco de la ventana.

De un clavo que había en la madera colgaba un trozo de cordel cortado.

—El botín sigue aquí —afirmó con seguridad—. Esta mañana las cortinas estaban descorridas: escondido en la penumbra, había un mecanismo sencillo pero ingenioso que el culpable preparó anoche, antes de salir del club. Y que ha activado esta mañana, de manera que ha hecho desaparecer la tetera como un auténtico ilusionista.

¿Qué ha pasado
con Adam Weston?

Crackersmith golpeó con el puño en la mesa.

—¡Basta! —exclamó—. No tolero las insinuaciones de un mocoso sucio de hollín. ¡Agentes, llévense ahora mismo a toda esta chiquillería!

—Pues a mí me interesa lo que dice —lo cortó Crumble—. Jovencito, ¿puedes aclararnos de qué mecanismo estás hablando?

Tom se rascó la cabeza y señaló la ventana.

—Había una larga cuerda atada al clavo —dijo, antes de levantar el índice y continuar—: Un grueso cordel que pasaba por la barra de las cortinas llegaba hasta la araña de cristal que hay encima de la mesa y acababa en el otro extremo con un anzuelo.

—¿Quieres decir que el ladrón habría... «pescado» la tetera? —preguntó sorprendido Josh.

—¡Exacto! —respondió Tom con una sonrisa—. Cuando el alboroto de la calle ha atraído la atención de todos los presentes, el culpable ha enganchado con el anzuelo el asa de la tetera. Luego le ha bastado con que Crackersmith abriese de par en par la ventana para hacer correr la cuerda, que se ha deslizado por la araña como si fuese una polea, y ha levantado la tetera.

Todos los presentes levantaron a la vez la mirada en dirección al techo.

—Pero... ¡allí no hay nada! —balbució el propietario del club.

—Como pueden ver —dijo el conde riendo—, todo esto es una sarta de tonterías.

Wooster continuó rascándose una oreja.

—Además, si hubiera habido un anzuelo colgando del techo justo encima de la mesa, nos habríamos dado cuenta de ello, a pesar de la penumbra —comentó en un tono seco.

¿Qué ha pasado con Adam Weston?

Sin dejar de sonreír en ningún momento, Tom se acercó a la cabeza de alce colgada en la pared, que no estaba muy lejos de la mesa.

—El ladrón ha colgado el extremo del hilo de uno de los cuernos del alce para esconderlo hasta el momento oportuno —dijo—. A las siete y media en punto, aprovechando el escándalo, ha descolgado el anzuelo, lo ha enganchado en la tetera y se ha reunido con los demás junto a la ventana.

Chesterton dirigió una mirada de sospecha al joven.

—Si no me equivoco, querido Wooster, usted ha sido el último que se ha acercado a la ventana —recordó.

Este empezó a sudar y a mirar a su alrededor con nerviosismo.

—No tengo nada que ver con esto —balbució—. Además, ¡no hay ninguna cosa colgada de la araña! ¿Adónde ha ido a parar la maldita tetera?

Tom empezó a caminar por la sala.

—Seguramente el culpable ha actuado en dos

tiempos —respondió en un tono tranquilo—. Después de advertir que la tetera había desaparecido, Lord Chesterton y el conde han salido del salón para inspeccionar el resto del club en busca de un posible intruso. Por lo tanto, solo se han quedado aquí Wooster y Lord Boone, ¿me equivoco?

—Lo confirmo —declaró con firmeza el propietario del Lazarus Club.

—Pero sabemos que este último es muy miope —añadió el chico.

El anciano tosió para mostrar su incomodidad.

—Ejem, en efecto, aunque llevo gafas, no veo más allá de un palmo de mis narices —admitió.

—Eso le ha permitido a Wooster llevar a cabo su ingenioso plan mientras simulaba que vigilaba la estancia: primero ha cerrado la ventana para devolver la tetera a su sitio. Después la ha recuperado y, finalmente, ha cortado el cordel usando un cuchillo del servicio de té.

El chico señaló la mesa, donde los cubiertos estaban bien colocados.

¿Qué ha pasado con Adam Weston?

—Uno de esos cuchillos tiene la hoja girada en un sentido contrario a todos los demás —comentó Josh—. El culpable debe de haberse equivocado cuando lo ha vuelto a poner en su sitio.

—En fin, Wooster ha escondido el cordel y la tetera en un lugar seguro, a la espera de recuperarlos más tarde cuando las aguas hubiesen vuelto a su cauce —concluyó el chico.

—Sí... ¿pero dónde? —preguntó Crumble, cada vez más intrigado.

—Os repito que no tengo nada que ver con esto —gritó Wooster—. ¡Hemos buscado por todas partes y no hemos encontrado la tetera por ningún lado!

—Esta mañana necesitaban tres deshollinadores, ¿verdad? —preguntó Tom—. El único detalle que el culpable no ha tenido en cuenta es que la chimenea de este salón está casi completamente atascada. Es por eso que, al meter la tetera y la cuerda dentro, ha acabado bloqueándola del todo.

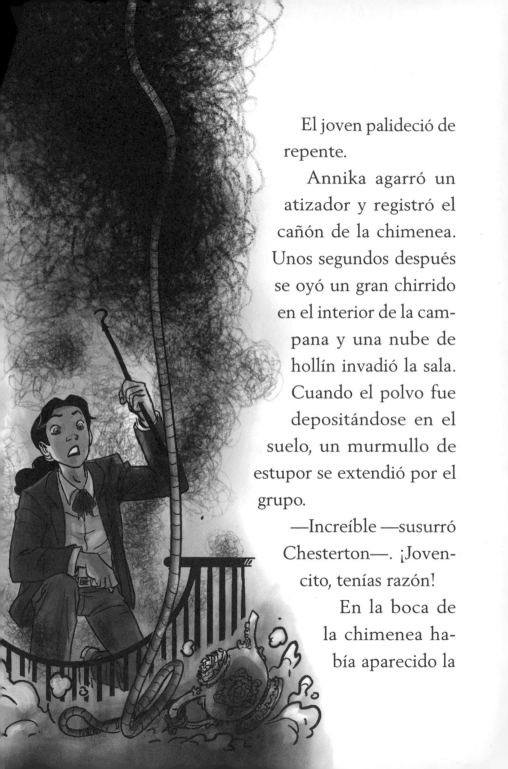

El joven palideció de repente.

Annika agarró un atizador y registró el cañón de la chimenea. Unos segundos después se oyó un gran chirrido en el interior de la campana y una nube de hollín invadió la sala. Cuando el polvo fue depositándose en el suelo, un murmullo de estupor se extendió por el grupo.

—Increíble —susurró Chesterton—. ¡Jovencito, tenías razón!

En la boca de la chimenea había aparecido la

¿Qué ha pasado con Adam Weston?

preciosa tetera, todavía enganchada a un revoltijo de cordeles.

Las miradas de todos los presentes se volvieron hacia Wooster.

—¡Perdóneme, Chesterton! —gimió este arrodillándose.

—Es imperdonable —comentó el director del club, gélido—. Somos amigos desde hace muchos años, confiaba en usted. ¿Cómo ha podido hacer esto?

—¡Necesitaba el dinero! —confesó el joven—. Los últimos meses he tenido una racha de mala suerte... Perdí jugando al bridge una gran suma de dinero. ¡Esta tetera de plata me habría servido para pagar mis deudas!

Los dos policías arrestaron al culpable.

—Yo mismo haré trizas su carnet del club —sentenció Chesterton, contrariado.

El inspector se dirigió a los tres detectives:

—Tengo que haceros algunas preguntas para completar mi informe —dijo. —Luego, cuando sus

59

hombres se alejaron, añadió en voz baja—: Que quede entre nosotros, pero, en el transcurso de mi carrera, no me había encontrado nunca con unos chicos con este olfato. Seríais unos óptimos agentes de Scotland Yard. Si puedo ayudaros en algo, no tengáis ninguna duda: ¡el inspector Crumble está a vuestro servicio!

—A mí me iría bien un poco de agua caliente y una toalla —ironizó Josh—. Así, tal vez no vuelvan a confundirme con un deshollinador...

Cuando el Big Ben tocó las diez, acompañaron a los tres detectives fuera del Lazarus Club. El cielo se había oscurecido y Piccadilly Road era ahora el escenario habitual de las idas y venidas de una multitud atareada.

—¡Has estado formidable, Tom! —exclamó Annika con entusiasmo—. ¡Has resuelto este caso en un tiempo récord!

—¡Esta vez nos ha ido por los pelos! —comentó Josh riendo—. Ahora podemos disfrutar del Lon-

dres victoriano hasta que se nos acabe el tiempo...
¡Qué maravilla!

Pero el ademán de Tom era pensativo.

—Me hubiera gustado atrapar también al cómplice de Wooster —dijo—. Espero que el detective Crumble consiga desenmascararlo de alguna manera.

—¿Qué cómplice? —preguntó sorprendida su colega.

El chico señaló la carroza que había volcado en el accidente. Ahora algunos operarios estaban intentando enderezarla con muchos esfuerzos.

—Para que su plan funcionara, el ladrón necesitaba por fuerza ayuda del exterior —consideró Tom—. A las siete y media, alguien tenía que atraer la atención de todo el mundo, y hacer que se acercaran a la ventana para que él pudiera entrar en acción. El accidente de esta mañana sin duda estaba programado por una persona que se había compinchado con él.

—Lo importante es que hemos recuperado la

tetera —lo cortó en seco Josh—. La reputación de Chesterton está salvada y la burbuja se ha disuelto... ¡y todo gracias a ti, Tom! ¡Relájate!

Como única respuesta, su colega se sacó el espiralómetro de hierro forjado y observó el cuadrante con atención.

—Hay otra cosa que no me cuadra —añadió—. ¿Qué ha pasado con el guardián? Miss Driscoll ha dicho que se trata de una persona muy puntual, pero ni siquiera se ha presentado.

—¡Es verdad! —comentó Annika—. Esperaba verlo llegar tarde o temprano.

—Lo bueno es que hemos resuelto el caso sin él —replicó Josh hinchando el pecho como un gallito.

—Y eso no es todo —murmuró Tom—. La manecilla verde suele activarse para indicar la presencia de otros espiralómetros por los alrededores, pero, en esta ocasión, no se mueve. ¡Parece que Adam Weston ni siquiera esté en Londres!

—Venga, ya conoces a los guardianes —respondió su amigo—. Siempre tienen entre manos

¿QUÉ ha Pasado con Adam Weston?

alguna investigación ultrasecreta. Debe de haber salido de la ciudad por una urgencia de última hora sin avisarnos.

Tom se volvió a guardar el aparato en el bolsillo y miró a sus compañeros fijamente.

—Puede que tengas razón, Josh, pero tengo un mal presentimiento —dijo—. En esta historia hay algo que no encaja.

—El guardián no vive muy lejos de aquí, si no recuerdo mal —recordó Annika—. Para asegurarnos, ¿por qué no vamos a echar un vistazo a su casa?

Y echó a caminar por la acera.

Josh se encogió de hombros.

—De acuerdo —asintió—. Aún nos queda mucho tiempo libre.

Cuarenta minutos más tarde, llegaban a la puerta del edificio donde vivía Weston. El Soho era una zona tranquila, alejada del estrépito de las calles principales. Una fría llovizna caía de manera incesante.

—Al menos hay algo que nunca cambia en Londres —se quejó Josh—: el horrible clima.

Los tres investigadores se refugiaron en el vestíbulo del edificio, donde les sorprendió la que parecía ser la portera: una mujer con un delantal blanco y de aspecto antipático.

—Fuera de mi vista, chiquillos —dijo enfadada—. ¡No podéis quedaros aquí!

—Buscábamos al señor Adam Weston... Vive en este edificio, ¿verdad? —preguntó educadamente Tom.

—¿Perdón? —respondió la mujer. Luego se sacó una trompetilla y se la puso en una oreja—: Deberéis tener un poco de paciencia, soy un poco dura de oído.

El chico repitió la pregunta.

—El doctor Weston vive en el primer piso —dijo ella suavizando el tono de repente—. ¡Es un señor tan amable!

Después de subir corriendo las escaleras, los chicos llegaron a un rellano oscuro y polvoriento.

¿Qué ha pasado con Adam Weston?

La puerta del apartamento del guardián estaba entreabierta.

—Señales de que ha sido forzada —comentó enseguida Annika al observar la cerradura—. Tenías razón, Tom: ¡aquí hay algo que da mala espina!

Los Detectives del Tiempo asomaron la cabeza, llenos de curiosidad.

Tom no pudo contener una exclamación de estupor.

—Por las patillas de Napoleón, ¿pero qué ha pasado aquí dentro?

Todo el apartamento estaba patas arriba. El espiralómetro de plata del guardián estaba en el suelo, roto, con los muelles y las manecillas sueltos.

¡Alerta De Alteratiempos!

Tom se agachó sobre los trozos del espiralómetro de plata y los recogió.

—Aquí ha habido una pelea —consideró Annika mirando a su alrededor.

La silla del escritorio de Weston estaba volcada, así como la taza de té. Sus apuntes estaban dispersos por el suelo.

—Alguien ha entrado en el piso y le ha agredido —dedujo Josh.

—Y no solo eso —añadió Tom cogiendo un trapo del suelo. Después de olfatearlo, hizo una mueca y dijo—: ¡Puaj, cloroformo!

—Cloro... ¿qué? —preguntó extrañado Josh.

¡Alerta De Alteratiempos!

—Es una sustancia que se usa para anestesiar, para dormir a las personas... la utilizaban los cirujanos o los dentistas —le explicó su amigo—. El agresor debe de haber reventado la puerta, ha atacado a Weston y le ha dejado inconsciente con este trapo impregnado de cloroformo.

Luego empezó a examinarlo con las manos temblorosas.

—¿Qué te pasa? —preguntó Josh—. Parece que hayas visto un fantasma. Solo es una vieja bayeta.

—Es verdad. ¡Pero está hecha de un material sintético!

Josh y Annika intercambiaron una mirada interrogante.

—Estamos en 1859 —dijo Tom cada vez más inquieto—. En esta época solo se usaban fibras naturales, como la lana o el algodón. Las fibras artificiales, las creadas por los seres humanos, no existían, por lo tanto, ¡este trapo viene del futuro! Y este detalle, unido al espiralómetro roto, solo puede significar una cosa...

—El agresor de Weston puede viajar en el tiempo como nosotros —comentó Annika.

—¿Puede que estemos hablando de un Alteratiempos? —preguntó Josh con un hilo de voz.

—Por eso el pobre no ha acudido a la cita —dijo Tom—. ¡Lo ha atacado y capturado uno de esos malhechores!

En el pequeño apartamento se impuso un momento de silencio.

—Ya sabéis lo que cuentan de ellos, ¿no? —continuó Tom en un tono tétrico—. ¡Son unos malvados que viajan al pasado para robar los tesoros de cada época y tienen un fantasmal espiralómetro negro capaz de conferirles los mismos poderes que un Oro Puro!

El chico se dejó caer sobre una vieja butaca.

—Ese aparato permite incluso detener el tiempo durante unos segundos —continuó—. De esta manera, estos criminales pueden desvanecerse y reaparecer uno o dos metros más allá como si fueran fantasmas, y hasta esquivar las balas. El

¡Alerta De Alteratiempos!

guardián estaba en una clara desventaja con respecto a él.

—¿Esta información la has sacado de la libreta de tu abuelo? —preguntó Annika.

Tom se rascó la cabeza y asintió.

—A diferencia de los miembros de la Agencia Wells, los Alteratiempos no están organizados en grupos —añadió—. Actúan en solitario. Cometen robos espectaculares en el pasado, a menudo con la ayuda de tecnología moderna, antes de volver a su lugar de procedencia en un santiamén.

—Es fácil robar a un caballero medieval si vas armado con un fusil —comentó Annika con una mueca.

—Evidentemente, sus acciones producen burbujas en el pasado y embrollan el transcurso de la historia —continuó Tom—. Y en cada una de estas ocasiones la Agencia Wells se ve obligada a intervenir para poner las cosas en su sitio.

—Capturar a uno de esos tipos no será fácil —murmuró Annika.

Josh dirigió a su amiga una mirada de pánico.

—De... debes de estar de broma, ¿verdad? —balbució—. ¡No podemos seguir la pista de un Alteratiempos!

—No sé si te has dado cuenta, pero uno de esos impresentables ha entrado aquí, ha dejado inconsciente al guardián y se lo ha llevado a quién sabe dónde —replicó ella—. ¿Y a ti te gustaría ignorar todo esto y continuar como si nada?

—¡Exactamente! —exclamó Josh abriendo los brazos—. Teníamos una misión y la hemos cumplido. Hemos recuperado la tetera y el caso ha quedado cerrado. Por lo tanto, nos portaremos bien mientras esperamos que la manecilla roja llegue a cero. Después volveremos al Refugio, contaremos lo que hemos visto y dejaremos que los auténticos detectives se ocupen de todo... no unos chiquillos como nosotros.

Annika miró a sus dos colegas con picardía.

—¿Lo estáis viendo, chicos? —murmuró—. Si volviésemos al Refugio y entregásemos a uno de

¡Alerta De Alteratiempos!

los más buscados, ¡Miss Driscoll se vería obligada a ascendernos de inmediato!

—Para los Hierro Forjado como nosotros, hay un proverbio: «Si ves a un Alteratiempos, da media vuelta y sal corriendo» —recitó Josh—. No tenemos ninguna posibilidad contra los poderes del espiralómetro negro. Díselo, Tom: ¡es un auténtico disparate!

—Más bien al contrario —protestó Annika—. Díselo, Tom: ¡debemos intervenir!

Después de unos instantes de reflexión, el chico levantó la mirada hacia sus dos colegas.

—Lo siento mucho, Josh, pero esta vez estoy de acuerdo con Annika —afirmó, decidido—. No podemos quedarnos de brazos cruzados. Además, ya sabes que tengo cuentas pendientes con los Alteratiempos.

—¿Te refieres a que uno de ellos secuestró a tu abuelo? —preguntó Josh.

—Sí, y el criminal que ha capturado a Weston podría tener alguna información sobre esta vieja historia —añadió Tom, cada vez más decidido a intentarlo.

—Creo que os habéis vuelto locos, pero veo que no puedo hacer nada para evitarlo —dijo Josh resoplando—. ¿Cuál es vuestro plan?

—Debemos descubrir la identidad del secuestrador para saber dónde se ha refugiado —respondió Tom.

Después se agachó y desapareció bajo el escritorio del guardián.

—¿Qué haces ahí abajo? —preguntó sorprendida Annika.

—Todos los guardianes tienen un archivo por alguna parte —respondió— donde conservan información sobre la época que tienen que vigilar. Estoy seguro de que Weston también tiene uno, y tal vez allí encontraremos alguna pista sobre el Alteratiempos que lo perseguía. Solo tenemos que descubrir en qué lugar se oculta.

Sus compañeros también empezaron a registrar la estancia en busca de un compartimento secreto.

¡Alerta De Alteratiempos!

—Eh, mirad, he encontrado una información muy interesante: los Mastines son los encargados de ocuparse de los Alteratiempos —dijo Josh suspirando mientras hojeaba los libros del guardián—. Unos equipos especiales formados por cinco agentes Oro Puro armados con cronoespadas y espiralómetros potentísimos. Y, después de capturarlos, los llevan a la Prisión Cero, un misterioso lugar situado fuera del tiempo, donde estos delincuentes ya no pueden causar ningún daño. Ya me contaréis cómo tres Hierro Forjado podrán luchar contra uno de esos... de esos monstruos.

—Venga, va, no seas tan pesimista —lo riñó Annika—. Mirad: ¡he encontrado algo!

Detrás de un jarrón de geranios, la chica había descubierto un diminuto botón oculto.

Después de pulsarlo, el bufete se deslizó silenciosamente hacia un lado y dejó al descubierto un hueco secreto en la pared.

Tom se acercó: los apuntes de Weston estaban en carpetas clasificadas por meses.

—El guardián es una persona muy ordenada —comentó.

Cogió la última carpeta, que llevaba la etiqueta: septiembre 1859. La dejó sobre el escritorio y la abrió. En la última página había una hoja.

—Es una especie de ficha —dijo el chico examinándola. Luego empezó a leer en voz alta el texto escrito a máquina.

NOMBRE: Julius Zeno

NOMBRE EN CLAVE: El Coleccionista

EDAD: Desconocida

ASPECTO: Desconocido

NIVEL DE PELIGROSIDAD: 7

A diferencia de muchos Alteratiempos, que usan la fuerza bruta, Zeno prefiere perpetrar sus espectaculares robos moviéndose con discreción. Prepara sus golpes con gran cuidado y pasa largas temporadas en la época que quiere saquear.

¡Alerta De Alteratiempos!

Maestro de la manipulación y del engaño, suele recurrir a cómplices ignorantes para lograr sus objetivos.

Su pasión son los relojes antiguos. Ha robado del pasado al menos una veintena de ellos.

¡No se puede subestimar su astucia!

—Ya hemos descubierto la identidad de nuestro amigo —comentó eufórica Annika.

—¿El Coleccionista? —repitió Josh con una mueca—. Parece el nombre de un malo de cómic barato.

En la hoja también había una nota manuscrita en rojo.

Ahora ya estoy seguro: Zeno ha llegado al Londres de 1859 y trama algo. Estoy a punto de desenmascarar su plan... Cuando lo consiga, podré ponerme en contacto con el Refugio Milenario y pedir que me envíen un equipo de Mastines para capturarlo.

—Eso explica por qué Julius Zeno ha entrado aquí con violencia —reflexionó Tom mirando a su alrededor—. ¡El guardián estaba a punto de atraparlo! Pero el Coleccionista se le ha anticipado: ha dejado inconsciente a Weston, se lo ha llevado a alguna parte y ha destruido su espiralómetro para impedir que solicitara ayuda.

—Buena reconstrucción —comentó Josh con ironía—. Por desgracia, sin embargo, no responde a la pregunta más importante: ¿dónde está el escondite de ese canalla? No tenemos ninguna pista que podamos seguir, estamos en un punto muerto.

—¿Pero se puede saber qué pasa aquí? —preguntó una voz tras ellos.

La portera había aparecido en la puerta

Observaba a los chicos y el apartamento revuelto con una mirada de terror.

—Ahora lo entiendo —murmuró la mujer abriendo los ojos como platos—. Solo sois unos ladronzuelos. Qué desastre... ¡Oh, ahora mismo avisaré a la policía y recibiréis vuestro merecido!

¡Alerta De Alteratiempos!

Tom y Annika palidecieron. Josh exhibió su mejor sonrisa e hizo una reverencia.

—Podemos aclarárselo todo, *madame* —dijo con un aire adulador—. Somos..., ejem, sobrinos de Adam Weston, y hemos venido hasta aquí para ver a nuestro querido tío. El apartamento ya estaba así cuando hemos llegado. ¿Por qué no se sienta un momento? Se lo contaremos todo desde el principio.

Una vez aclarado el malentendido, la mujer pareció tranquilizarse.

—El doctor Weston volvió anoche, tan puntual como siempre —recordó—. Por lo tanto, su secuestrador debe de haber actuado esta mañana.

—¿No ha notado nada raro? —preguntó Annika—. ¿Ha oído algo?

—¡Sin mi trompetilla, estoy sorda como una tapia! —dijo ella resoplando—. Pero creo que sé quién ha entrado aquí. Últimamente he visto a un individuo que vigilaba los desplazamientos de vuestro tío...

Los tres chicos se acercaron a la portera, muy pendientes de sus palabras.

—He visto muchas veces a ese galán —continuó ella—. Es joven y elegante. Espiaba durante horas la ventana del apartamento del doctor Weston desde el interior del pub del León Verde, que está cruzando la calle. A veces incluso lo había sorprendido delante del vestíbulo del edificio... mirando siempre, de una manera disimulada, ese extraño reloj de bolsillo de color negro.

—No hay duda, se trata del Coleccionista —comentó Annika con un hilo de voz.

—¿Ha dicho el pub del otro lado de la calle? —preguntó Tom con una sonrisa—. Bien, me parece que es el lugar ideal para ir a hacer algunas preguntas.

La Guarida de
la Garduña coja

El Big Ben dio las doce. Ahora la lluvia repiqueteaba sobre los tejados de la ciudad. Después de cruzar corriendo la calle, los tres chicos se refugiaron en el calor del pub del León Verde. Aunque solo era mediodía, el local ya estaba lleno.

Una decena de londinenses bebían y charlaban de manera distendida, mientras un violinista extraía unas alegres notas de las cuerdas de su violín.

Annika se dirigió decidida hacia la barra, seguida de sus dos colegas.

—Claro que conozco a ese tipo tan extraño —respondió el barman cuando los detectives le preguntaron por el individuo que vigilaba al guardián—. Hoy no ha aparecido por aquí, pero ha sido un cliente habitual durante las últimas semanas.

—Un chico muy majo —comentó una camarera que llevaba una bandeja llena de vasos—. Elegante y distinguido, pero también taciturno. Y no dejaba de mirar el edificio de enfrente ni de toquetear su reloj negro...

—Una persona muy amable —añadió el barman secando un plato con un trapo—. Siempre lleva encima una bolsa llena de chelines y deja unas propinas generosas. ¡Ojalá todos los demás fuesen como él! —Se inclinó hacia los tres amigos y añadió—: ¿Sabéis qué? Creo que se trata de un joven rico. Uno de esos *lords* aburridos de la alta sociedad que, para evadirse de su monótona vida, viene aquí a mezclarse con la gente normal.

—No os fiéis de su amabilidad —comentó una voz ronca—. ¡Haced caso al viejo Smith, ese hombre oculta algo, y no es nada bueno!

El que había hablado era un señor apoyado en la barra.

La Guarida de la Garduña Coja

—¿Es que le ha visto hacer algo sospechoso? —preguntó al instante Tom.

Smith dio un largo trago a su jarra y rio con disimulo.

—A ver, yo voy a menudo a un club del barrio de Whitechapel —murmuró—. Se llama La Guarida de la Garduña Coja: un punto de encuentro de criminales y jugadores empedernidos. Allí he visto en varias ocasiones a aquel joven elegante. Es un tahúr profesional, siempre listo para desplumar a cualquier incauto que juegue a las cartas.

—Ya tenemos aquí la siguiente etapa de la investigación —dijo Annika en un tono seguro.

—No digas tonterías, chico —la amonestó Smith—. Whitechapel es el barrio con peor fama de Londres. ¡No es lugar para mocosos como vosotros!

Media hora más tarde, los detectives estaban de vuelta en Piccadilly Road.

La Guarida De la Garduña Coja

Llovía de manera torrencial y se habían refugiado bajo un balcón.

—Para llegar a Whitechapel, tenemos que seguir por el este bordeando el Támesis —indicó Josh—. Pero eso queda lejos del centro... ¡llegaremos completamente empapados!

—Siempre estás quejándote —refunfuñó Annika—. ¿Quieres llegar a nuestro destino sin mojarte? ¡Aquí tenemos la solución!

Y la chica señaló un tranvía que se acercaba haciendo sonar la campanilla.

—Te olvidas de un pequeño detalle —ironizó su amigo—. ¡No tenemos ni un solo penique para comprar el billete!

—¿Y quién los necesita? —respondió ella riendo.

El vehículo pasó por delante de ellos y la chica echó a correr.

Tom y Josh intercambiaron una mirada y se unieron a la carrera de Annika.

La chica se agarró a un asidero de latón y saltó ágilmente al estribo posterior.

—Venga, pringados —gritó riendo—. Este tranvía va tan lento que incluso un caracol podría cogerlo en marcha.

Mientras el Big Ben daba las dos, los tres jóvenes detectives se adentraron en el barrio de Whitechapel, un caótico conglomerado de barracas de madera con tejados descoyuntados. Había individuos de aspecto siniestro que rondaban por aquellas calles enfangadas lanzando miradas sospechosas.

Después de pedir indicaciones a un hombre que dormitaba abrazado a una botella, Tom, Annika y Josh llegaron a la entrada de La Guarida de la Garduña Coja: una puerta de madera en un callejón con paredes de ladrillo.

La Guarida De la Garduña Coja

Mientras se acercaban, un gorila les salió al paso: era un joven corpulento de unos dieciséis o diecisiete años, con una expresión hostil que a Tom le recordó la de Ricky Gunn, el matón de la escuela.

—Daos el piro ahora mismo, mocosos, u os hago trizas —gruñó.

—Ejem, solo queremos echar un vistazo —comentó Tom con una sonrisa tímida.

—¿Conocéis la contraseña? ¿A que no? ¡Pues entonces largaos de aquí!

Annika chasqueó los dedos y dirigió una sonrisa desafiante al joven.

—La contraseña es «Quita de en medio, pardillo, si no quieres recibir de lo lindo».

Con un gesto fulminante, el gorila sacó un cuchillo del bolsillo.

—¿Puedes repetirlo, mocoso? —soltó.

—Pobrecillo... no le tengo ninguna envidia —dijo Josh suspirando.

El gorila se precipitó hacia Annika. Tom se tapó los ojos. Unos segundos después todo había acabado: el agresor estaba tumbado en medio del callejón y Annika estaba encima de él con un pie sobre su pecho.

—¡Entendido, entendido, pasad! —gimió el vencido—. Eres muy fuerte, amigo... ¡La Guarida de la Garduña Coja es el sitio ideal para ti!

—Con amabilidad se consigue todo —dijo riendo Annika—. ¡Y, por cierto, para que lo sepas, soy una chica!

Al momento, el grupito entró en un oscuro sótano. La atmósfera estaba impregnada del humo de las lámparas de aceite y, alrededor de las mesas, unos tipos con mala pinta bebían, gruñían o jugaban a las cartas. A Tom y sus compañeros no les costó encontrar información sobre el Coleccionista.

—¿Os referís a aquel joven elegante? —preguntó un hombre con varios dientes de oro brillándole en la dentadura—. Claro que sé quién es. Desde hace aproximadamente un mes viene aquí cada noche a jugar al bridge.

La Guarida De la Garduña Coja

—Nos han dicho que es un tahúr profesional —soltó Tom.

El hombre sonrió de manera extraña y continuó hablando en un tono conspiratorio:

—Me conozco al dedillo todos los trucos para hacer trampas en el bridge y te aseguro que ese tipo no usaba ninguno de ellos. ¡Simplemente tiene una suerte increíble!

—El único truco que utiliza Zeno es el espiralómetro negro —susurró Josh al oído de Annika—. Si puede detener el tiempo durante unos segundos, es capaz de mirar las cartas de sus compañeros de partida cuando quiera; ¡así, sería capaz de arruinar incluso al mejor casino de Las Vegas!

—Aún me acuerdo de cómo desplumó a su último adversario —continuó el cliente—. Aquel pobre tipo no se resignaba a perder y, en las últimas semanas, acabó derrochando una cantidad de dinero astronómica.

—¿Recuerdas el nombre de aquel jugador con tanta mala suerte? —preguntó Tom pensativo.

—Uf, no, me suena que nunca llegó a presentarse —respondió el hombre—. Mirad, aquí los clientes prefieren mantenerse en el anonimato. Pero me acuerdo de su aspecto: un señorito no muy espabilado... con un cuello largo de jirafa y el vicio de rascarse una oreja.

Los chicos abrieron los ojos como platos.

—El señor Wooster —murmuró Annika.

—El Coleccionista y aquel ladronzuelo... ¿se conocían? —preguntó Josh sorprendido.

—Creo que lo mejor es preguntárselo en persona —comentó Tom.

Había dejado de diluviar y los chicos volvieron al centro a pie. Ya eran casi las cuatro cuando llegaron a la sede de Scotland Yard, en el barrio de Westminster. El vestíbulo de la comisaría era un gran espacio lleno de gente, ruidoso como un mercado. Vagabundos y personajes de aspecto siniestro cabeceaban en largos bancos de madera, mientras los agentes uniformados interrogaban a pequeños delincuentes que protestaban con gran alboroto.

La Guarida De la Garduña Coja

—¿Qué queréis, chicos? —les preguntó un policía—. Me imagino que debéis de ser un hatajo de vagos que solo viene aquí a pasar unas horas a cubierto.

—De hecho, buscábamos a un tal Wooster —empezó Josh.

El hombre se encogió de hombros.

—No me suena ese nombre. ¡Y ahora, largo!

—¡Mira quién está aquí! —exclamó una voz familiar—. ¡Los detectives deshollinadores!

Los tres se dieron la vuelta. El inspector Crumble había aparecido detrás de ellos. Se les acercó con una sonrisa y les guiñó un ojo.

—Casi es la hora del té y necesito hacer una pequeña pausa —dijo—. ¿Por qué no me acompañáis a mi despacho? Es un lugar mucho más tranquilo.

Pocos minutos más tarde, los chicos estaban sentados ante la mesa del inspector, que les había servido unas tazas de té humeante.

—Así pues, ¿queréis interrogar a Wooster? —preguntó pensativo.

—Es un caso de importancia vital —confirmó Tom—. Creemos que, tras el robo del Lazarus Club, hay algo más grave... pero, para estar seguros de ello, tenemos que hablar con él en persona.

Crumble se alisó el bigote.

—Normalmente no es posible entrevistarse con los presos —reflexionó—. Aun así, soy un hombre de palabra y os debo un favor. De acuerdo, pues, os acompañaré en persona a su celda.

Habían recluido a Wooster en una pequeña celda de paredes encaladas.

Cuando oyó el sonido de la puerta, el preso se puso de pie y, al ver a los tres chicos, abrió los ojos como platos.

—¿Otra vez vosotros? —se quejó—. ¿Qué más queréis de mí, pequeños pelmazos?

—Necesitamos información sobre Julius Zeno, el hombre que le ha desplumado jugando al bridge —le cortó en seco Annika.

—¿Y por qué tendría que ayudaros? —protestó—. Me habéis arruinado la vida, no diré nada.

La Guarida de la Garduña Coja

—En realidad es Zeno quien se la ha arruinado —le corrigió Tom—. Primero lo desplumó jugando a las cartas y después le obligó a ser su cómplice para pagar sus deudas, ¿verdad? ¡Si usted está aquí ahora mismo, es solo por culpa de ese malhechor!

—Además, si colabora con nosotros, le pasaremos un buen informe sobre usted al inspector —añadió Josh con una sonrisa—. Estoy seguro de que, en el juicio, su colaboración le será muy útil.

El preso, como era habitual en él, se rascó nerviosamente una oreja.

—Ese tipo es muy extraño —murmuró unos instantes después—. Parece que la fortuna esté de su parte. No sé cómo lo consiguió, pero me ganó más de sesenta veces seguidas y acabé acumulando unas deudas enormes con él. Y entonces me hizo una extraña propuesta.

Los tres jóvenes agentes se acercaron al ladronzuelo, muy atentos.

—Me dijo que, si robaba la tetera de mi amigo Chesterton, se olvidaría de mis deudas —añadió—.

No sé por qué le interesaba tanto. Es verdad que es de plata, pero vale mucho menos de lo que le debo. E incluso se ofreció a ayudarme a planificar el robo.

Wooster se agarró la cabeza con las manos.

—Fue él quien me sugirió que utilizase el truco del hilo —confesó—. Y también me ayudó a llevar a cabo el plan: se colocó en medio de Piccadilly Road y, a las siete y media, cortó el paso a aquella carroza e hizo que volcara.

Tom recordó lo que había leído en la ficha del Coleccionista.

—«Maestro de la manipulación y del engaño, suele recurrir a cómplices ignorantes para lograr sus objetivos» —recitó poco a poco.

—Ya no entiendo nada —se quejó Josh—. ¿Hay alguna relación entre el robo en el Lazarus Club y la desaparición del guardián? ¿Y qué iba a hacer Zeno con la tetera? Creía que era un gran aficionado de los relojes antiguos.

Tom se mordió el labio.

La Guarida De la Garduña Coja

—Estoy seguro de que tiene planeado un pro-
yecto muy concreto. Pero aún no acabo de entender
qué quiere obtener.

—Tenemos que descubrir dónde se ha escondido —dijo Annika—. Si consiguiésemos echar
un vistazo a su guarida, podríamos entender qué
está tramando.

—En eso puedo ayudaros —intervino Wooster—. Sé dónde vive Julius.

Los tres chicos se volvieron hacia él.

—¿Puedes repetir eso? —dijo Josh realmente
desconcertado.

El preso soltó un largo suspiro.

—La semana pasada no pude soportarlo más
—empezó a contar—. Ya estaba harto de que ese
pícaro me ganase. Así que, una noche, decidí seguirlo después de que saliese de La Guarida de
la Garduña Coja. Quería enterarme de qué truco
usaba para ganar siempre.

—¿Y adónde fue? —preguntó Annika.

—A los *docks*, los muelles del puerto fluvial

—respondió él—. Para ser exactos, lo seguí hasta las obras de demolición del viejo London Bridge. Estoy seguro de que Julius vive por allí. Pero si yo estuviera en vuestro lugar, me olvidaría del tema: ese tipo es inquietante.

El hombre se inclinó un poco hacia los tres chicos con una expresión seria en el rostro.

—En algún momento debió de darse cuenta de que alguien le seguía —murmuró—. Os aseguro que no fue ninguna visión: en un santiamén, Julius Zeno se desvaneció en la nada justo delante de mis ojos, ¡como si fuera un fantasma!

El astuto Plan
Del coleccionista

Tom echó un vistazo al cuadrante del espiralómetro. La manecilla roja corría: les quedaban menos de tres horas.

Los tres detectives observaron el Támesis: ágiles veleros y lentos barcos de vapor recorrían el río como si fuese una autopista. En los muelles, los estibadores descargaban mercancías provenientes de todo el mundo.

Tom, Annika y Josh se dirigieron hacia unas obras abandonadas. Un viejo pilar cubierto de musgo emergía del agua.

—El nuevo London Bridge, el que existe actualmente, fue «bautizado» en 1831 —explicó Tom—.

Ese mismo año comenzaron las obras de desmantelamiento del puente viejo, de origen medieval. ¡Esto es lo único que queda de aquel monumento!

—El Alteratiempos se oculta allí abajo —dijo Annika—. Vamos.

Las obras tenían un aspecto siniestro. Unos viejos andamios que parecían esqueletos emergían del agua y la zona estaba llena de barracas abandonadas y de montones de ruinas.

—Continúo sin saber qué trama el Coleccionista —reflexionó Josh—. Hizo lo imposible para que Wooster tuviera que robar la tetera y después ha dejado al guardián fuera de combate... ¿Cuál es su objetivo?

—Lo que importa es atraparlo —lo cortó su compañera.

—Como si fuese tan sencillo —se quejó él—. Ya os lo he dicho... ¡esta misión está fuera de las posibilidades de tres Hierro Forjado como nosotros! Zeno tiene poderes extraordinarios, no tenemos ninguna opción contra él.

El astuto plan del coleccionista

Annika se volvió hacia Josh.

—¡Estoy harta, Josh Bennett! —exclamó—. Desde esta mañana no dejas de repetir que no lo conseguiremos. ¡Ya basta de tanto pesimismo!

—Yo no soy ningún pesimista —replicó el chico—. ¡Vosotros dos sois unos temerarios!

—¡Y tú, un gallina!

—¡Repítelo si te atreves!

—Pero... ¡eureka! —dijo Tom, con la mirada iluminada, poniendo fin a la discusión—. ¡Ya lo he entendido! Es tal como lo has dicho, Josh. Nosotros no somos lo bastante expertos para capturar a un Alteratiempos. ¡Y eso es lo que debe de haber pensado el Coleccionista!

Annika y Josh intercambiaron una mirada interrogante.

—Julius Zeno ha usado el robo en el Lazarus Club como maniobra de distracción —explicó Tom—. ¡Todo esto forma parte de un plan para evitar a la Agencia Wells mientras perpetra el golpe auténtico!

—Ejem, me parece que no te sigo —confesó su amigo.

—Las actividades criminales de los Alteratiempos tarde o temprano acaban generando burbujas que detecta el Cronolabio y ponen en alerta a la Agencia, ¿verdad? —dijo—. Entonces la Wells envía a esa época a un equipo de Mastines que se encargan de capturar a los criminales.

—Así es —comentó Annika—. ¿Pero adónde quieres ir a parar?

—Zeno, sin embargo, es un hombre prudente y ha preferido anticiparse a esto —continuó Tom—. Primero ha empujado al pobre Wooster a robar la tetera y después se ha asegurado de dejar a Weston fuera de combate y destruir su espiralómetro de plata, que le habría permitido ponerse en contacto con la Agencia Wells y dar la señal de alarma. ¡Ha actuado así porque no quería ninguna clase de molestias!

Sus dos compañeros miraron fijamente a Tom, cada vez más confundidos.

El astuto Plan Del coleccionista

—El Coleccionista ha organizado el robo de la tetera para generar una burbuja de poca importancia a propósito —aclaró—. Sabía que, para un caso como este, Miss Driscoll enviaría al pasado a unos agentes poco expertos... ¡Unos Hierro Forjado, con escasas probabilidades de derrotar a alguien como él!

—Es decir que ha usado una burbuja pequeña como... ¿tapadera? —preguntó Josh.

—¡Exactamente! —exclamó Tom—. Su objetivo era reclamar aquí a tres detectives de nivel bajo y tenerlos ocupados durante todo el día con la investigación en el Lazarus Club, mientras él preparaba su crimen sin ninguna traba.

—Pero no ha tenido en cuenta que somos superdetectives —dijo Annika riendo—. Tom ha resuelto el misterio de la tetera en un suspiro y, después, por fortuna, hemos seguido el rastro del guardián.

—Weston había intuido algo —explicó él—. Por eso Zeno se vio obligado a intervenir en el último momento para quitárselo de encima.

—Sí, pero aún no sabemos cuál es su auténtico objetivo —se lamentó Josh.

—Estoy convencida de que lo descubriremos siguiendo esta pista —afirmó su amiga sonriendo—. ¡Mirad!

En el suelo se veía una fila de huellas en el barro.

—Toda esta zona está llena de pisadas como esas —observó Josh.

—Sí, pero solo estas parecen pertenecer a unos zapatos de lujo —replicó ella—. Y, como ya sabemos, el Coleccionista es un hombre elegante. Además, las huellas se interrumpen de repente en este punto.

Delante de un montón de tablones recostados contra un muro de ladrillo las huellas se desvanecían. Los tres se acercaron con cautela y Annika empezó a retirar los obstáculos que impedían el paso. En la pared había una grieta y, en el interior, se veía una escalera que se adentraba en la oscuridad.

Conteniendo la respiración, los detectives bajaron por los peldaños que llevaban hasta una habi-

El astuto Plan Del coleccionista

tación subterránea iluminada por algunas lámparas de aceite.

—Wooster tenía razón —murmuró Tom—. Hemos llegado a la guarida del Coleccionista.

En el aire se oía un tictac frenético. En las paredes había colgados decenas de relojes de péndulo mecánicos que marcaban la hora. Justo en el centro había una gran mesa de trabajo con instrumentos de relojero bien ordenados y algunos mapas enrollados.

—¡Qué ruido más molesto! —comentó Annika.

Josh señaló un mueble con una expresión de perplejidad.

—Chicos, es una impresión mía o... ¿este armario está roncando? —preguntó.

Los tres se acercaron. Después de intercambiar una mirada con sus dos compañeros, la chica agarró el pomo y abrió la puerta.

En el interior encontraron a un hombre atado durmiendo.

—¡Adam Weston! —exclamó Josh—. Y todavía

está bajo los efectos del cloroformo, por lo que parece.

Luego lo sacudió, pero el hombre continuaba roncando.

—Ya me encargo yo de despertarlo —dijo Annika sonriendo, antes de darse la vuelta y correr hacia la escalera.

El astuto Plan Del coleccionista

Tom había empezado a hojear los mapas que estaban sobre la mesa.

—Son del catastro de Londres, el registro de los edificios y de las construcciones de la ciudad —murmuró—. Todos pertenecen al mismo edificio. Parece una torre. ¿Se trata del auténtico objetivo del Coleccionista?

—¡Ya sé de qué torre se trata! —exclamó Josh, que se había acercado hasta él—. Es el Big Ben, conocido también como Clock Tower, la Torre del Reloj... Lo he visitado tres veces a lo largo de mis viajes.

—¿Zeno quiere cometer un robo en la Torre del Reloj? —preguntó sorprendido su amigo—. Pero eso es imposible. Forma parte del complejo de Westminster, la sede del Parlamento británico, está muy vigilada. Es cierto que el espiralómetro negro permite detener el tiempo unos cuantos segundos, pero ni siquiera así sería posible entrar allí. A no ser que...

La mirada de Tom se dirigió a un calendario

colgado en la pared. La fecha de aquel día estaba marcada con un círculo rojo.

—¡Claro! Hoy es 19 de septiembre de 1859 —dijo con un hilo de voz.

—Perdona, pero me parece que me he vuelto a perder —admitió Josh.

Tom empezó a caminar arriba y abajo.

—¿No te has fijado? —preguntó a su amigo—. Durante todo el día, hemos ido oyendo las campanadas del Big Ben dando las horas. Pero, a partir de un momento de la tarde, han dejado de sonar.

—¡Ostras, es verdad! No me había dado cuenta... es muy extraño.

—Recuerdo haber leído algo sobre este episodio en la libreta de mi abuelo —explicó Tom—. El 19 de septiembre de 1859, la Great Bell, la campana que hay en lo alto de la torre, reventó a causa de un defecto de fabricación. Se tardarán casi tres años en repararla...

—No te enrolles —lo espoleó su compañero—. ¿Adónde quieres llegar?

El astuto Plan Del coleccionista

—Julius no eligió al azar el día para llevar a cabo su plan —respondió—. Viene del futuro como nosotros: sabía que hoy se rompería la campana. Este incidente imprevisto debe de haber desencadenado un gran alboroto en la Torre del Reloj. Estoy seguro de que ha decidido aprovechar este caos para pasar desapercibido.

—¿Me he perdido algo, chicos? —preguntó Annika en un tono alegre.

La chica ya estaba de vuelta. Había encontrado un cubo y lo había llenado de agua del Támesis.

—Perdona, pero, ¿qué quieres hacer con esto? —preguntó Josh.

—¡Iniciar la operación «arriba, ya es hora de levantarse»! —respondió ella riendo.

Luego se acercó hasta donde estaba Weston y le tiró el cubo por la cabeza.

El guardián abrió los ojos de golpe y empezó a toser y a escupir.

—Disculpe los modales de mi compañera —ironizó Josh—, es un poco impetuosa.

—¡Somos tres Hierro Forjado de la Agencia Wells y estamos aquí para salvarlo! —exclamó ella.

—El badajo... —dijo Adam Weston con una voz ronca—. ¡El Coleccionista quiere robar el badajo de la Great Bell del Big Ben!

En unos minutos, el guardián ya estaba recuperado y los chicos lo habían desatado. Ahora caminaba inquieto por aquella sala.

—¡Qué desastre! —gimió—. A primera hora de esta mañana, Julius Zeno ha aparecido en mi casa. Debe de haber usado los poderes de su espiralómetro negro... porque ha forzado la puerta y se ha plantado detrás de mí como un fantasma, ¡sin darme tiempo a reaccionar!

El hombre escurrió la chaqueta empapada.

—Lo último que recuerdo antes de perder el conocimiento es su pie aplastando mi espiralómetro de plata. Lo hubiera podido usar para avisar a Miss Driscoll y pedir refuerzos... A diferencia de los espiralómetros de hierro forjado, los espiralómetros de plata permiten ponerse en contacto

El astuto plan del coleccionista

con el cuartel general de la Agencia Wells. Pero ahora, por desgracia, estamos aislados aquí, y en el Refugio nadie sospecha nada... El Cronolabio solo detectará la presencia del Coleccionista cuando haya actuado. ¡Y entonces ya será demasiado tarde!

—La desaparición del badajo de la Great Bell podría generar una burbuja de proporciones espantosas —dijo Tom ralentizando sus palabras—. Esa campana es el símbolo de Londres, la ciudad más famosa de esta época. Si el badajo se desvaneciese en la nada, a la población le sentaría bastante mal. En estos años, la gente es más bien... supersticiosa. Podría difundirse el rumor de que la Torre del Reloj está embrujada.

—Tienes razón, chico —dijo Weston suspirando—. El Big Ben es un monumento nacional. Si ese criminal consigue su objetivo, la torre podría caer en desgracia, e incluso desaparecer para siempre. ¿Os imagináis Londres sin su símbolo más famoso? ¡La historia tal como la conocemos daría un vuelco!

—¿Pues a qué estamos esperando? —preguntó

Annika—. ¡Vayamos en busca de Zeno! Tal vez aún estemos a tiempo de detenerlo.

—Vosotros no podréis hacer nada —intervino el guardián—. Los poderes de un Alteratiempos están fuera de vuestras posibilidades y... también de las mías. Para capturar a un criminal así, se necesita una patrulla de detectives Oro Puro. Debo volver de inmediato al Soho; tal vez pueda reparar mi espiralómetro y solicitar la intervención de un equipo de Mastines.

El astuto Plan Del coleccionista

Tom sonrió y se metió la mano en el bolsillo.

—No será necesario volver a su casa —dijo ofreciendo a Weston los fragmentos del aparato que había recogido en el apartamento.

El hombre miró a Tom con admiración, se acercó a la mesa y empezó a trabajar de manera frenética con los instrumentos de relojero del Coleccionista.

—Qué desastre —repetía—. Está muy dañado. ¡Pero espero arreglarlo a tiempo!

Annika lanzó una mirada encendida a sus compañeros.

—Yo no tengo la menor intención de detenerme precisamente ahora —reaccionó—. ¡No podemos permitir que ese delincuente se salga con la suya!

—¿No has oído lo que ha dicho el guardián? —replicó Josh—. ¡Es demasiado peligroso!

—¡Lo único peligroso es quedarse aquí de brazos cruzados mientras el Coleccionista trastoca el transcurso de la historia! Por favor, señor Weston, confíe en nosotros. Mientras termina de arreglar el espiralómetro, iremos en busca de Zeno e intentaremos ponerle todas las trabas posibles... Tal vez así podremos ganar un poco de tiempo.

—Annika tiene razón —dijo Tom de repente—. Tenemos que intentarlo.

El hombre levantó la vista de la mesa y observó a los tres jóvenes Hierro Forjado.

—¿Me prometéis que no haréis ninguna tontería y que no correréis ningún riesgo inútil? —preguntó después de un momento de silencio.

—¡Lo prometemos! —dijo Annika con una sonrisa.

Luego empezó a subir las escaleras que llevaban al exterior, acompañada de Tom y Josh, que iban detrás de ella.

salto al vacío

Una espesa niebla se había extendido por toda la ciudad. Los edificios de Londres estaban envueltos por el denso manto blanco y apenas se veía la luz de las farolas de gas que iluminaban la noche.

Cuando los tres detectives llegaron a la Torre del Reloj, el cuadrante marcaba las ocho y media. Treinta minutos más tarde tenían que estar de vuelta en el Refugio.

—Tenías razón, Tom —comentó Annika mirando a su alrededor—. A los londinenses no parece que les haya hecho la menor gracia que se haya roto la campana.

Ante el Big Ben se había reunido un pequeño

Salto al vacío

grupo de ciudadanos preocupados o enfadados. Los guardias habían formado un cordón de seguridad en la explanada de Westminster para mantenerlos a una cierta distancia.

—¿Por qué ha dejado de sonar la campana? —preguntó alarmado uno de los presentes.

—¡Es un mal presagio! —añadió un segundo—. ¡Esto nos traerá la desgracia!

—¡Calma! —exclamó uno de los guardias—. Tan solo es, ejem..., un pequeño problema técnico. ¡Lo resolveremos de inmediato!

—¿Me equivoco o antes has dicho que se tardarán casi tres años en reparar la campana? —comentó Josh entre carcajadas, dirigiéndose a su amigo.

—¡Queremos entrar en la torre y ver qué ha pasado! —protestó una mujer.

—¡Eso, queremos entrar! —replicó otro ciudadano.

—¡Imposible! —bramó un agente—. El acceso está prohibido hasta que lleguen los expertos a examinar los daños. Tengan un poco de paciencia.

Desde la multitud se levantó un coro de silbidos.

—Zeno debe de haberse escondido entre la gente, esperando el momento oportuno para colarse en la torre —dijo Tom mirando a su alrededor.

—¡En efecto! ¡Ahí está! —exclamó de repente Annika.

La chica señaló la puerta que daba acceso al interior del edificio, detrás de los guardias alineados. De entre la penumbra había aparecido una figura delgada envuelta en un abrigo que enseguida se coló furtivamente por la entrada.

—Ha detenido el tiempo para poder atravesar el cordón policial —dijo Josh—. Sabe que ahora mismo no hay nadie en la Torre del Reloj y que puede actuar sin que le molesten.

—¡Debemos atraparle! —gritó Annika.

—¿Y cómo conseguiremos superar la vigilancia? —preguntó su amigo resoplando—. No sé si te has dado cuenta, pero nosotros no contamos con los poderes del espiralómetro negro.

—Nos basta y nos sobra con una maniobra de

distracción —concluyó ella—. Algo que llame la atención de los guardias.

Tom chasqueó los dedos. Luego se dirigió hacia una pequeña columna metálica provista de una larga palanca.

—Parece... una especie de boca de incendios —comentó Josh tocándola.

—Exactamente —confirmó Tom con una sonrisa—. En 1666 Londres quedó destruido por un incendio espeluznante. El abuelo Gordon lo describe con todos los detalles en su libreta. Desde entonces los ingleses aplicaron siempre la prudencia: fueron de los primeros en instalar un sistema antiincendios en toda la ciudad.

Annika desenroscó el tapón de metal que cerraba el mecanismo. Luego agarró la palanca y empezó a tirar de ella con todas sus fuerzas.

—¡Ostras, qué duro está! —dijo tensando los músculos por el esfuerzo.

Sus dos amigos se acercaron y también empezaron a tirar.

—Venga... ya... casi lo tenemos —les animó la chica resoplando.

Con un chirrido metálico, la palanca cedió. Se oyó un borboteo y, poco después, un potente chorro de agua roció a la multitud.

—¡Ha estallado un extintor! —gritó un hombre.

—Ya os lo he dicho: ¡las desgracias solo acaban de empezar! —replicó otro.

—¡Es un sabotaje! —exclamó uno de los agentes soplando el silbato—. ¡Quietos, están todos detenidos!

En pocos segundos la multitud se sumió en el caos. Aprovechando todo aquel estrépito, los tres detectives se arrimaron a la pared de la Abadía de Westminster y, arrastrándose entre las sombras, llegaron a la entrada de la torre del campanario.

Un minuto más tarde estaban en el interior. Tom levantó la cabeza. Los pasos del Coleccionista resonaban por encima de ellos.

—Ahora solo tenemos que atraparlo —dijo Annika decidida.

Salto al vacío

Ascendieron por unas estrechas escaleras subiendo los peldaños de tres en tres.

Poco después los chicos estaban en lo alto de la torre. Tom examinó aquel espacio enorme, lleno de gigantescos engranajes que daban vueltas chirriando. Una pasarela muy estrecha llegaba hasta el techo, donde era bien visible la Great Bell, la monumental campana de bronce.

—Estamos en la caja de un reloj enorme —murmuró Annika.

—El lugar ideal para un enfrentamiento entre un Alteratiempos y tres detectives de la Agencia Wells, ¿no creéis? —comentó una voz sarcástica por encima de ellos.

El Coleccionista los estaba esperando. Vestía de negro y llevaba un elegante sombrero de copa. Aparentaba apenas unos veinte años y su pálido rostro estaba medio escondido por un mechón de color negro ala de cuervo que le caía sobre los ojos.

—¡Ríndete, Zeno! —intervino la chica dando un paso hacia delante.

—Venga, va, ¿de verdad creéis que podréis detenerme? —dijo él riendo.

Como única respuesta, ella corrió hacia Zeno y saltó encima de él, pero... acabó tumbada en el suelo, sobre la pasarela.

El Alteratiempos había aparecido unos metros más allá. Mientras sonreía burlón, balanceó el espiralómetro negro delante de los ojos de los tres detectives.

—¡Eso no vale, has detenido el tiempo! —protestó Josh.

—Olvidaos de esto, chicos —dijo él—. No conseguiréis impedir que culmine mi plan. ¡Apartaos y observad a un genio del crimen en acción!

Se dio la vuelta y volvió a correr hacia la campana.

Tom fue el primero en perseguirlo pero, al cabo de dos pasos, se detuvo. La pasarela oxidada chirrió y, justo después, se rompió y él se quedó colgando, sujeto únicamente de la cadena de su espiralómetro.

Salto al vacío

Un instante después, el Detective del Tiempo se precipitaba al vacío desde lo alto del Big Ben.

—¡TOM! —gritaron a la vez Annika y Josh.

El chico notó cómo se le paraba el corazón.

Cerró los ojos a la espera del impacto, pero enseguida volvió a abrirlos y se quedó atónito.

—Por las botas de Lord Cromwell —murmuró—. ¿Sigo... entero?

Tom se encontraba unos pocos metros más abajo, sentado sobre la pasarela.

Julius lo acababa de dejar en el suelo.

—Te has asustado, ¿verdad? —preguntó riendo el Coleccionista.

—Has... detenido el tiempo y te has lanzado para salvarme —dijo Tom.

—¡Claro! —confirmó el hombre—. Soy un ladrón de antigüedades, no un vulgar asesino. Pero que esto te sirva de lección, pelo de zanahoria...

Julius pulsó un botón del espiralómetro y se desvaneció un instante después.

—... Y si intentáis interponeros en mi camino, acabaréis heridos.

Ahora la voz del joven ladrón provenía de arriba. El Coleccionista había reaparecido justo al lado de la campana. Lanzó una mirada desafiante a los detectives y se sacó un pequeño objeto parecido a una pistola.

—Esto lo mangué de 2047 —comentó—. Un láser de bolsillo. Muy útil, puede cortar el metal como si fuese mantequilla. En unos pocos minutos, el badajo de la campana más famosa del mundo pasará a formar parte de mi colección de reliquias.

Salto al vacío

—¡Aléjate de ella o te arrepentirás! —gritó Annika.

—¿Y quién va a impedírmelo? ¿Los agentes de la Wells, quizá? Cuando se den cuenta del robo debido a la burbuja que provocará, ¡seguramente será demasiado tarde! Ya me habré escapado a otra época.

—La Agencia Wells está mandando hacia aquí a sus mejores hombres —intervino Josh—. ¡Estás acorralado!

El Alteratiempos hizo un ademán de desconcierto.

—¿Qué quieres decir, mocoso? —preguntó.

Josh guiñó el ojo a Tom y a Annika y continuó hablando en un tono calmado.

—Hemos estado en tu guarida, a orillas del Támesis —explicó—. Y hemos despertado a Adam Weston. También le hemos llevado el espiralómetro que tú le destrozaste y él se ha puesto enseguida a repararlo.

—A estas alturas ya debe de haberlo arreglado

y se habrá avisado a la Agencia Wells de lo sucedido —añadió Annika—. ¡Ya habrá dado la señal de alarma!

—Estoy seguro de que, en unos minutos, los Mastines se plantarán aquí —continuó Josh intentando ser convincente—. Llegarán con sus cronoespadas y te encerrarán en una celda de la Prisión Cero. Yo en tu lugar, me largaría ahora mismo sin perder un segundo...

Hubo otro momento de silencio. Luego el Coleccionista volvió a reír.

—Buen intento, chicos, pero no picaré —dijo—. Cuando he roto el espiralómetro de ese pelma de Weston, también le he sacado un par de ruedecitas. Necesitará unas semanas para arreglarlo del todo: no tenéis ninguna posibilidad de poneros en contacto con esos aguafiestas de la Wells, ¡no tenéis nada que hacer!

Dicho esto, acercó su extraña pistola al badajo de la campana.

Josh dirigió a sus compañeros una mirada triste.

Salto al vacío

—A mí se me han acabado las ideas —dijo suspirando—. Por desgracia tiene razón... no podemos detenerlo ni tampoco dar la alarma. En fin, ¡ha ganado él!

Tom se mordió el labio, nervioso. Entonces abrió los ojos como platos. Se agachó y recogió del suelo un tornillo de la barandilla rota.

—¿Se lo quieres tirar? —balbució su compañero—. ¡Si incluso es capaz de esquivar las balas!

—Hay una manera de enviar una señal al Refugio —dijo el chico—. ¿Os acordáis de lo que dijo Miss Driscoll sobre Clem Spongen?

—¿Clem Spongen? —preguntó Annika sorprendida—. ¿Qué tiene que ver con esto?

—Miss Driscoll estaba segura de que, después de perderse, enseguida había empezado a crear embrollos en el pasado —murmuró Tom— que provocarían una serie de burbujas, que a su vez serían detectadas de forma inmediata por el Cronolabio, de manera que la Agencia podría llegar a localizarlo así.

Los dos compañeros le miraron incrédulos. Tom cogió aire y lanzó con todas sus fuerzas el tornillo contra el enorme cuadrante del reloj.

El fuerte y sonoro impacto provocó una grieta en el cristal.

—¿Se puede saber qué estáis tramando ahora mismo? —preguntó Zeno.

—Estamos causando daños en el famoso Big Ben de Londres —respondió Tom con firmeza—. Algo que no estaba previsto en el transcurso normal de la historia. Estoy seguro de que ahora mismo se ha encendido una lucecita en el Cronolabio que indica la aparición de una pequeña burbuja.

El Coleccionista se quedó de piedra.

—¡Es verdad! —exclamó Josh con la cara iluminada—. ¡Si creamos una burbuja antes de que Julius la forme con el robo del badajo, atraeremos de forma anticipada la atención de la Agencia Wells!

Con una voltereta, Annika recogió una barra de metal del suelo y la alzó contra el cristal.

—¿Qué haces? —refunfuñó el Alteratiempos.

Salto al vacío

—Intenta tocar la campana y destrozaré todo el cuadrante —le amenazó ella—. Ya verás como así generaré una superburbuja que atraerá de inmediato a un equipo de Oro Puro que te enseñará las zarpas.

—¿Estáis locos? —gritó el ladrón—. ¡La misión de los Detectives del Tiempo es hacer desaparecer las burbujas, no crear otras nuevas!

—Un equipo de Mastines tarda tres minutos en entrar en acción y llegar a su destino —consideró Josh—. ¿Crees que tendrás tiempo de cortar el badajo y huir antes de que aparezcan aquí?

El Coleccionista dudó. Tom dio un paso hacia él.

—Me has salvado la vida y estoy en deuda contigo —dijo solemnemente—. Además, tienes razón, eres demasiado fuerte para nosotros, nunca podremos capturarte. Pero no permitiremos que hagas realidad tu plan... Por favor, renuncia a él y vete.

El Big Ben indicaba que faltaban tres minutos para las nueve.

Tras estas palabras, Julius Zeno volvió a reír.

—De acuerdo, me habéis convencido —replicó—. Si os ponéis así, no tengo otra alternativa: admito mi derrota, ¿ya estáis contentos? Sois muy tercos. En particular tú, pelo de zanahoria. Te he reconocido... eres el nieto del viejo Gordon O'Clock, ¿verdad?

Tom se sobresaltó.

—¿Qué... qué sabes del abuelo? —preguntó—. ¿Dónde está? ¿Qué le habéis hecho?

—Eso tendrías que preguntárselo a tus superiores de la Agencia —respondió Zeno con una sonrisa enigmática—. ¡Ellos saben perfectamente qué le pasó!

Luego pulsó un botón del espiralómetro y, de golpe y porrazo, se esfumó en la nada.

Salto al vacío

Josh se volvió hacia Annika.

—¿De verdad estabas dispuesta a hacer trizas el cuadrante del reloj más famoso del mundo? —preguntó divertido.

—Claro que no, ¿por quién me has tomado? —replicó ella—. Solo era un farol... y por suerte ha funcionado. ¿Me equivoco, Tom?

El chico no respondió. Aún seguía alterado por las últimas palabras pronunciadas por el Coleccionista. Y justo entonces el reloj marcó las nueve, y los detectives se vieron inmersos en la oscuridad.

El último vuelo

Cuando estuvieron de vuelta en el Refugio Milenario, Tom, Josh y Annika se dirigieron rápidamente al Aula Magna, sin ni siquiera pasar por el guardarropa. Miss Driscoll estaba soltándole un sermón a un joven agente vestido de cavernícola.

—¡Miss Driscoll, tenemos que hablar con usted ahora mismo! —exclamó Josh.

—¡Ha pasado algo increíble, de verdad! —añadió Annika.

La mujer levantó una ceja.

—Dejadme acabar con el detective Spongen —dijo ella con su típico tono glacial.

—¡Clem, estamos en deuda contigo! —intervino

130

El último vuelo

Annika, que corrió a abrazar al detective Bronce Esmaltado—. ¡Si no hubiese sido por ti, nunca habríamos podido detener a ese Alteratiempos!

En el rostro de la mujer se dibujó una expresión de sorpresa.

—¿Un Alteratiempos? —repitió.

—Ejem, no lo he entendido del todo —balbució Clem—, ¿qué queréis decir?

Necesitaron una hora para contarle a Miss Driscoll todo lo que había pasado durante aquella jornada extraordinaria.

Ella escuchaba en silencio y, de vez en cuando, tomaba apuntes en su libreta.

—Ese Julius Zeno es una espina que tenemos clavada —comentó finalmente—. Hace meses que vamos detrás de él. Pero habéis tenido suerte; otros Alteratiempos no hubieran tenido ninguna duda en liquidaros para conseguir su objetivo.

Luego se levantó y se dirigió hacia la salida.

—Primero la misión de recuperación del detective Spongen y ahora esto —gruñó—. Tengo que enviar de inmediato a alguien a 1859 para que le lleve a Weston un espiralómetro nuevo. Menudo día...

Al llegar a la puerta, se volvió hacia ellos.

—Creo que eso es todo —añadió—. Ya podéis ir al guardarropa.

—¿Cómo? —se preguntó sorprendida Annika—. ¡Hemos conseguido evitar los planes de un peligroso Alteratiempos! ¿No nos merecemos..., ejem, un ascenso?

Miss Driscoll la fulminó con una mirada de las suyas.

—Veamos, ¿por qué tendría que ascenderos? —preguntó—. ¿Por haber actuado por vuestra cuenta y haber desobedecido las órdenes? ¿Por haber corrido un riesgo enorme enfrentándoos a un fugitivo? ¿O por haber estropeado un momento histórico y haber creado una nueva burbuja que nos ocasionará bastantes problemas? Habéis sido imprudentes e indisciplinados. Solo hay un motivo por el cual no os echaré a la calle... —La mujer

El último vuelo

sonrió ligeramente y continuó—: Porque también habéis sido valientes, y esta es una cualidad importante para un buen Detective del Tiempo. Pero no quiero volver a oír hablar de ascensos. Y ahora, ¡a cambiaros de ropa!

Cuando llegaron al guardarropa, un grupo de cinco jóvenes agentes estaba esperando a los chicos. Junto a ellos también había un par de detectives más veteranos. Los tres compañeros intercambiaron una mirada de sorpresa.

—Los rumores se difunden a toda prisa en el Refugio —comentó LeDuc—. ¡Ahora todos vuestros colegas hablan de vuestra gesta!

—Clem nos ha contado todos los detalles —dijo Erika Home, una Hierro Forjado de rizos dorados—. ¿Es verdad que habéis derrotado a un Alteratiempos?

—Bueno, no es exactamente así —respondió Tom con prudencia.

Pero Josh dio un paso adelante y mostró un gesto de tipo duro.

—¡Claro que sí! —exclamó—, esta vez ha sido una experiencia muy fuerte.

—¿Son tan horribles como se dice por ahí? —preguntó Pablo Ramírez, compañero de equipo de Erika.

—¿Es verdad que miden tres metros? —preguntó el Bronce Esmaltado Bob Stanton—. ¿El espiralómetro negro emite rayos mortales?

—Un poco de paciencia —dijo Josh hinchando el pecho—. Ahora os lo cuento todo.

Annika dirigió a Tom una mirada desconsolada.

Necesitaron otra hora para satisfacer entre los tres la curiosidad de sus colegas. Annika volvía a llevar el uniforme de hípica y Josh el disfraz de Elvis.

—¿Os habéis dado cuenta? ¡Han estado a punto de pedirnos un autógrafo! —presumió satisfecho Josh—. De hecho, nos merecíamos nuestros quince minutos de gloria, ¿no creéis?

—Miss Driscoll, en cambio, ha sido muy injusta —se quejó la chica—. Hubiera bastado con

El último vuelo

un simple «gracias». ¡Sin nosotros, Zeno habría causado estragos!

—Por cierto, Tom —dijo Josh con curiosidad—. ¿Cómo es que antes no le has preguntado nada a Miss Driscoll sobre tu abuelo?

—Es verdad —susurró Annika—. Según el Coleccionista, en la Agencia saben perfectamente qué le pasó a Gordon O'Clock, pero se niegan a decírtelo. ¿Por qué están haciendo eso?

Tom sonrió.

—No sé por qué el Alteratiempos pronunció aquellas palabras antes de desvanecerse. Tal vez quería provocarme. Pero, aunque tenga razón, quiero fiarme de Miss Driscoll: estoy seguro de que no me mentiría nunca en una cuestión tan seria.

—Tarde o temprano atraparemos a ese desgraciado —afirmó Annika enfurecida—. ¡Y también resolveremos este misterio!

—Pues yo espero que no volvamos a encontrárnoslo nunca más —replicó Josh—. ¡Es un tipo francamente espantoso!

—No creo que en el fondo sea tan malvado —consideró Tom—. A fin de cuentas me ha salvado la vida. Sin él, me hubiera precipitado contra el suelo... —Al decir aquellas palabras el chico palideció y abrió los ojos como platos—. Por la barba de Shakespeare —refunfuñó—. ¡Me había olvidado de la otra caída!

Sus amigos lo miraron con una expresión interrogante.

Tom les contó la delicada situación en la que se encontraba antes de irse.

—¿Estabas cayendo desde noventa metros de altura también en Nueva York? —preguntó Josh preocupado.

—Bueno, de hecho, solo desde un primer piso —respondió él rascándose la cabeza—. Me parece que he desaparecido justo antes de dar contra el suelo. O sea que no tendría por qué ser una caída demasiado fuerte... ¡En fin, eso espero!

Annika le dio una palmadita en la espalda con la intención de animarle.

El último vuelo

—Todo irá bien. Seguro que saldrás de esta solo con un pequeño moratón.

—Ojalá —dijo el joven detective suspirando.

Después de despedirse de sus dos amigos, Tom reguló las manecillas del espiralómetro, cogió aire y cerró los ojos. Tuvo la extraña sensación de dar tres mortales hacia atrás, notó unas sacudidas laterales e hizo una voltereta completa.

De golpe se encontró sentado en la acera del callejón que había al lado de su casa.

—Bueno, parece que el aterrizaje ha ido bien —comentó satisfecho.

Pero, justo en ese preciso instante, algo le cayó en la cabeza y rebotó contra el suelo.

—¡AY! —exclamó frotándose la mejilla.

Entonces entendió de qué se trataba.

—¡La libreta! —exclamó eufórico—. ¡La he recuperado!

Por encima de su cabeza, Fiona, la urraca ladronzuela, continuaba graznando con rabia.

Tom recogió el valioso recuerdo de su abuelo y

se levantó. Le sacó la lengua a aquel pajarraco tan pesado y corrió en dirección a su casa.

—¿De dónde vienes? —le preguntó su padre cuando lo vio deslizarse hasta el comedor.

El último vuelo

—¿No estabas en tu habitación estudiando química? —preguntó su madre, sorprendida.

—Ya estudiaré mañana —respondió Tom bostezando—. Hoy ha sido un día complicado y... estoy un poco cansado. Creo que necesito dormir.

Cuando llegó a su habitación, el chico se dejó caer sobre la cama, sin quitarse ni siquiera los zapatos, con la libreta del abuelo Gordon bien agarrada contra el pecho.

Índice

Agencia WELLS

ASALTO AL MUSEO DE CERA

París, 1784

Misión: demostrar la inocencia de un niño acusado injustamente de robar una estatua de cera, y evitar que empiece la Revolución Francesa antes de tiempo.

EL GLADIADOR FANTASMA

Pompeya, 23 a. C.

Misión: averiguar quién hace que cunda el pánico en el teatro de la ciudad y evitar que el espectáculo de los gladiadores sea cancelado.

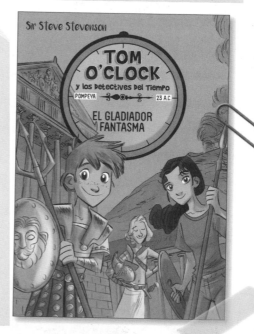